JN130250

皇后雅子

妃から后への三十年

石井勤

講談社

はじめに

四半世紀が経って

后への道は一九九二（平成四）年暮れ近くの決断から始まっている。この年の十二月十二日、外務事務官だった小和田《おわだ》雅子《まさこ》さんは東京・赤坂の東宮仮御所を訪ね、皇太子徳仁《なるひと》親王からの結婚の申し出に「謹んでお受けします」と答えた。自分はどう生きればいいのか、自分を役立てる生きかたはどこにあるのか。皇太子との結婚は、みずからの人生について自問自答を重ね、たどり着いた結論だった。答えを迫る状況に追い詰められ、その圧力に耐えながら思い悩み、考え抜いた。そんなつよさが雅子さんにはあった。

そこから四半世紀。雅子妃が雅子皇后になった瞬間から、その道は自分自身の皇后像を追い求める道へと変わることになる。皇后という立場は、その称号を得たことで完成するものではない。日々、皇后であるためになにをするのか、どういう皇后像を描き出すのか、くりかえしみずからに問いかけ、自身を律する厳しさを磨き抜くことによってたどり着くものだといえる。それは、美智子《みちこ》上皇后の歩んだ道を鑑《かんが》みるまでもない。その意味で、いま雅子皇后にとっての后への途次が始まろうとしている。

浩宮《ひろのみや》徳仁親王にとっては、天皇への道は生まれ落ちた瞬間から定められたものであった。昭和から平成への代替わりを経て皇太子となり、定められた道を歩んできた。だが、それは、「歩んできた」の一言ですませられるほど平坦ではなかった。皇太子であるがゆえに追い詰められた時期があった。それが結婚問題だった。

雅子さんに結婚を申しこんだ皇太子の側もまた、不測の事態で生じた状況に追い詰められていた。一日でも早く結論を得なければならない。それが至上命題になっていた。好感のもてる人と出会い、話し合いの機会を重ねてお互いの気持ちが寄り添うのを確かめ、皇太子妃という特別な立場について理解を得たうえで結婚の同意へと至る。以前から思い描いていたそんな自然なプロセスは望むべくもない状況にあった。

追い詰められた者同士の結婚は、お互いの人格や境遇への理解を深め、心の通い合いにつながるプロセスを大急ぎで駆け抜けた感が強い。とくに雅子さんが皇室という世界について十分に理解する時間的余裕はなかった。だが、追い詰められながら、皇太子は自分の意思で相手を選び、雅子さんは自分自身で結論を出した。その事実は揺るがない。そしてなによりも、状況の厳しさはお互いの結びつきをより強固にした。

それが、皇太子と雅子さんの結婚の姿といえる。では、なぜそのような厳しい状況が生じたのか……。

「皇太子妃報道に関する申し合わせ」

すべては、宮内庁が四半世紀にわたって伏せたままにしてきた想定外のできごとから始まっている。宮内庁を追い詰め、ひいては皇太子と雅子さんを追い詰める状況を招いたのは、全国の報道機関が同調して始まった皇太子妃選びをめぐる報道自粛の動きだった。

全国の新聞社、通信社、テレビ局、ラジオ局百七十五社（当時）が加盟する日本新聞協会は一九九二年二月十三日、

・皇太子妃の候補者に関する報道は、一定期間さしひかえる

・皇太子妃候補者の人権、プライバシーに十分配慮し、節度ある取材を行う

との「皇太子妃報道に関する申し合わせ」を締結した。お妃選びを進めるために「静かな環境」を得たいと考える宮内庁から強い協力要請があり、宮内庁の意向を受け入れるかたちだった。昭和から平成に代が替わって三年。皇太子が三十二歳の誕生日を迎える直前にあたる。

この時期、二月二十三日の皇太子の誕生日が近づくたびに「お妃選び」の話題が増えるのが常だった。女性週刊誌や写真週刊誌などが「お妃候補に○○さん」といった根拠の定かでない記事を掲載し、テレビのワイドショーが取り上げ、報道される側のプライバシーが脅かされる事態が起きていた。記者やカメラマン、テレビ局の取材クルーが「お妃候補」と報じられた女性を追い

かけ、自宅周辺で待ちかまえることもあり、報道被害を訴える声も高まっていた。

女性誌などがお妃候補として取り上げたのは、だれもが良家の子女と受けとめるような女性たちといえる。いずれも、「候補」として宮内庁が推薦を受け、リストアップしていてもおかしくはない。書く側からすれば、名前が挙がるのは不名誉なことではないはずとの思いがあった。しかし、書かれる側にとって、一方的に詮索され、家族や友人まで巻きこまれる状況は耐えがたいものがある。お妃報道が過熱するに連れ、お妃候補と目されること自体を忌避する風潮が広がっていった。

「謹んでご辞退申し上げます」

若い女性のあいだで、そんな言いかたがある種の流行語のようになる状況が生じていた。もちろん、仮にそんな声がかかったら、という前提に立っての軽口ではある。それでも、そうした風潮が広がれば、皇太子の結婚の妨げになるのは確かだった。宮内庁が新聞協会に「静かな環境を」と求めた背景には、なんとかして世のなかの「空気」を変えたいと願う切実な思いがあった。

現実問題として、皇太子の結婚に向けた動きは手詰まり状態に近かった。宮内庁として、有力候補になりそうな相手を絞りこむにも至っていない。そんな段階で報道の自粛を要請した宮内庁が思い描いていたのは、有力候補になりそうな相手を見いだすことから始め、皇太子との出会いの場を設け、二人の気持ちが自然な流れで結婚へと向かうのを待つような進めかただった。ゆっくりしていられないのはわかっている。それでも、できるだけていねいに時間をかけ、自然に進めたい。そのための「静かな環境」であり、新聞社からテレビ局、出版社まで幅広く同調を求めた報道自粛の本意だった。

各社、各メディアの思惑

新聞協会の申し合わせは、メディア総体として、報道被害が叫ばれる状況に歯止めをかける必要があるとの認識から出発している。しかし、取材の「節度」の確認に異論はないにしても、報道の自粛に反対する意見は根強かった。報道自粛によってなにを達成するのか、どこまで突き詰めても「候補者選びを進めるための静かな環境」以外、得られるものはなかった。では、そうした環境は、報道自粛によってしか実現できないのか、そもそも報道自粛がなければほんとうに皇太子妃候補は決められないのか。根本的な疑問にたいする答えを出さないまま、異論を飲みこみ、大同に就いた社が多かった。

新聞協会内で報道自粛派が大勢となった背景に、個々の社の思惑や計算が見え隠れしている。「申し合わせ」に付随した「実施細目」に、お妃候補の内定時に宮内庁が候補者の情報や映像素材を提供するとの項目が盛りこまれている。どういう理由で宮内庁が情報や素材を提供するのか趣旨は明確ではない。だが、報道機関の協力への見返りと位置づける宮内庁の割り切った考えかたが、各社の背中を押したことは否定できない。

新聞協会の報道自粛を受けて、大小の出版社七十四社（当時）が加盟する日本雑誌協会も対応を検討し、「候補者が特定される匿名報道、実名報道については、人権、プライバシーに十分注意し、節度ある態度で臨む」という趣旨の申し合わせをして、三月十三日から発効させた。雑誌協会にとっても、宮内庁がお妃候補内定時に提供する情報や映像素材などは価値があった。テレビの東京キー局から地方局まで百六十六社（当時）が加盟する日本民間放送連盟（民放連）も、新聞協会の報道自粛決定を受けて二月二十日に同じ内容の申し合わせと実施細目を決めた。

結果として九二年三月以降、それまで折に触れて取り上げていたテレビのワイドショーが扱わなくなり、女性週刊誌や写真週刊誌の誌面にも「お妃候補」の記事は出なくなった。総合週刊誌、月刊誌が取り上げることもなく、新聞紙上の広告やテレビ番組欄、通勤電車の車内吊り広告など、世のなかの至るところから「皇太子の結婚」「お妃候補」の文字が消える異例の事態となった。

九〇年代の初頭は新聞、テレビが情報メディアの中心にあった。外出先での通信手段は、街角のあちこちにある公衆電話が担っていた。外回りに出るサラリーマンから女子高生まで、ポケットベルをもち歩いて「０８４０《おはよう》」、「４９《至急》」などのメッセージをやりとりする時代だった。インターネットのＷｅｂサービスは誕生してまだ間もない。情報を発信し、世のなかに多様で多面的な言論とそのきっかけを提供する役割は、新聞や雑誌などの活字媒体が主に担っていた。こうしたメディア状況にあって、新聞協会に端を発し、新聞協会が主導した報道自粛の連鎖は、雑誌での論評なども含めたすそ野の広い「沈黙」につながった。

そのことを検証せぬままに

皇太子と外務省北米局北米二課に勤務していた小和田雅子さんとの婚約が内定したのは翌九三年一月十九日。藤森昭一《ふじもりしょういち》宮内庁長官（当時）は二人の結婚を議決した皇室会議の後、記者会見に臨んだ。その席で報道自粛の申し合わせによってもたらされた「静かな環境」に謝意を示し、「申し合わせがないと二人が会うことも困難だった。申し合わせが今回のご慶事につながったと言っても、過言ではない」と述べた。

では、実際に結婚が決まるまでの時間経過のなかで、報道自粛はどのような役割を果たしたのだろう。皇太子から結婚の申し出を受けて悩みつづけた雅子さんにすれば、余分なストレスにさらされない環境は、あるいは気持ちの落ち着きをもたらしたのかもしれない。皇太子自身は、皇室会議から一ヵ月後の誕生日会見で、「報道の申し合わせがないような状態であった場合に（略）私自身としても静かな環境でもって、自分なりに自分の考えをまとめていくということは、とてもあのような状況では、私はできなかったと思います」と感想を述べている。加えて、ほぼ手詰まりの状態でいた宮内庁にすれば、報道自粛は態勢を立てなおすための大きな区切りになった。

もちろん、そうした「静かな環境」が雅子さんの背中を押し、皇太子との結婚を決意させたわけではない。申し合わせの期間中、皇太子が待つ場所へ雅子さんを送る車の動きは、だれの追尾も許さない徹底したものだった。報道自粛があってもなくても、同じような動きをしていれば、皇太子と雅子さんが会っている場所までたどり着けた社はないと断言できる。皇太子の側は、皇宮警察にも知らせず、護衛をともなわずに外出している。双方の徹底した情報管理を考えると、二人が会って話をするというそのことに限れば、取材記者に察知されずに設定することは可能であり、報道自粛に実際的な意味はなかったといえる。

ただ、そうではあっても、報道自粛の期間中に皇太子の結婚が決まったという事実はたしかにある。そこに目を向ければ、「書かない」というメディアの選択がなにがしかの役割を果たしたであろうことは一概に否定できない。

それが、皇太子と雅子さんの結婚に当たってメディアがどう動いたか、どんな役割を果たしたかを説明する表向きの物語になる。国民の「知る権利」や「言論・報道の自由」を掲げる報道機関がみずから報道を控えることにたいし、当初からさまざまな意見や批判があり、報道各社の内部にも疑問の声や根強い反発があった。それでも、実際に皇太子の結婚が決まり、宮内庁長官から感謝のことばを述べられると、報道自粛は各社の大勢として「終わったこと」になった。報道自粛はなんだったのか、二人の結婚とどうかかわり、世のなかになにをもたらしたのか。そのことを報道機関が深く検証することはなく、メディアの沈黙の是非を問う識者や論者の動きも間もなく下火になった。

いま、あえて「封印」を解く

しかし、表向きの物語の背後には、伏せられたできごとがあり、語られなかった物語がある。

宮内庁が伏せたのは、みずからが切望してようやく実現した報道自粛の申し合わせが、お妃選びの進めかたを大きく左右する制約になってしまうという思いも寄らない事態だった。経緯を知るごく少数の宮内庁幹部は、降ってわいた制約に黙々と対応し、結婚が決まった後は、それについて口にすることはなかった。

想定外のできごとは、新聞協会の報道自粛発表の直後にもちあがった。「報道をさしひかえる」というメディアの判断が、欧米のメディア状況に照らしてあまりにも異質だったがゆえに起きた不測の事態といえる。お妃選びの「静かな環境」を求めてメディア側に粘り強く働きかけた宮内庁幹部も、事態の急変に呆然とするばかりだった。

婚約内定までの現実のなりゆきとしては、皇太子が雅子さんという「意中の女性」を射止め、関係者全員がほっと胸をなでおろす結末となった。その結果をもって宮内庁幹部は、「違う結末になりえた可能性」を封印し、考えることをやめた。婚約の内定という結果にこだわった宮内庁幹部は、もたらされた状況がいかに二人を追い詰め、それによって結婚生活の質がどのように左右されるか、考える視点をもたなかった。メディアによる報道の自粛が、結果としてお妃選びの大きな制約になった事実とその経緯は、申し合わせの当事者であるメディアの側にたいして、公式非公式を問わず、伝えられることはなかった。

一方、世のなかに目を向けると、「申し合わせ」が発端となって起きた波紋は、報道各社の想像を超えた広がりとなった。新聞、放送、雑誌といった国内の情報メディアが、皇太子妃候補と選考の過程について一斉に沈黙するという異例の事態は、週刊誌などの興味本位の記事を消しただけでなく、国民が皇太子妃について考え、論じる環境も消滅させた。皇太子の結婚による新たな皇族の誕生は、私たちの社会や皇室について具体的に論じる格好のきっかけとなりえた。けれども現実には、社会的論議の土台となる情報や提言がメディアを通してもたらされることはなく、議論の深まりも世論の成熟もなかった。そこに、語られなかった物語のもうひとつの核心がある。

皇太子、雅子さんとメディアをめぐるほんとうの物語は、重いものを含み、と同時に教訓を与えてくれる。ほぼすべての国内報道機関が同調し、一年近くにわたって続けられたメディアの沈黙は、皇太子と雅子さんの結婚にどうかかわり、世のなかと言論状況とになにを遺したのか。その仔細に、平成の時代が終わろうとするいま、あらためて分け入ってみたい。

皇后雅子

◆目次

第一章

婚約内定

1　新しい道

「責任」と「役割」

皇太子と小和田雅子さんの婚約は一九九三年一月十九日、皇室会議の議を経て内定した。この日の皇室会議には内閣総理大臣、衆参両院の議長と副議長、最高裁判所長官と判事、宮内庁長官、皇族議員に選任されていた三笠宮《みかさのみや》夫妻、計十人の議員全員が出席した。皇室会議が全員の賛成で終了した後、皇太子の当時の住まいである東宮仮御所（東京・赤坂）で会見に臨んだ皇太子と雅子さんは、晴れやかさのなかにかすかな緊張をにじませて記者たちの前に座った。冒頭の代表質問は宮内庁を通してあらかじめ受け取り、どう答えるか二人で相談してある。二人は質問に答えるかたちで、結婚を決めるまでの気持ちの動き、お互いのあいだで交わしたやりとりなどを、自分のなかであらためて確認し、嚙みしめるように語っていった。

気持ちが固まるまでのあいだにいかなる曲折があったのか。雅子さんが会見で語ったことばの端々から、それは十分に伝わってきた。たとえば会見の冒頭、「皇室会議を終えた、現在の心境をお聞かせください」という宮内庁記者クラブ幹事社の質問を受けて雅子さんが最初に切り出したのは、「これから大きな責任をお引き受けすることになるわけでございますから、身の引き締まる思いが致します」だった。

天皇ご一家との夕食会を終え、報道陣に会釈する小和田家の人びと。向かって左から母の優美子さん、雅子さん、父の恆さん、妹の礼子さん、節子さん。(1993年1月19日夜／共同通信)

それは、婚約内定の喜びやふわふわと温かい気持ちを吐露する「現在の心境」ではなかった。「責任」から語り始める婚約会見には、雅子さんの生真面目さが強くあらわれていた。と同時に、結婚には似つかわしくない「身の引き締まる思い」のひとこと。なにかに身構えながら、大きな責任を果たしていこうとする決意の重さが伝わってくる。

同じ会見のなかで、「外交官という職業を捨てることに悔いはありませんか」との質問があった。雅子さんは、「あの、これまで六年近く勤めておりました外務省を去ることに、さびしさを感じないと申しましたら、それは嘘になると思います。外務省ではたいへんやりがいのある仕事もさせていただいておりましたし、あの、たいへん学ぶべきところの多い、尊敬すべき先輩や同僚にも恵まれて、とても充実した勤務でございました」と胸のうちを語りはじめた。続けて「でも、昨年の秋、私は本当にいろいろと考えた結果、今、その、私の果たすべき役割というのは、殿下からのお申し出をお受けして、この皇室という新しい道で自分を役立てることなのではないかと、そのように考えましたので、で決心したわけですから、今は悔いというようなものはございません」と答えている。まるで自分に言い聞かせているように聞こえる「で決心したわけですから」の言いまわし。心のなかの揺れつづけた思いを「役割」「役立てる」のことばで封じこめ、ことばの力で自分を納得させようとする響きが漂う。

迷いに迷って、ためらいながらも転身を決め、新たな道に向かって自分を奮い立たせようとするキャリアウーマンの姿が浮かんでくる。雅子さんは、皇太子妃として臨んだ「皇室会議から一年」の記者会見でも、「結婚をお受けするに当たりまして私がこれから皇室の一員としてどのように国民と関わり、そして世の中のためにどのような役割を果たしていくのかということについて考えていかなければならないと思いましたが、その気持ちは今でも変わっておりません」と述べ、「役割」のことばをくりかえしている。

「考えていかなければならないという気持ち」

皇室会議直後の会見での発言で、注目しておきたい点がある。プロポーズを受け容れた理由を説明する文脈で、雅子さんは「私の果たすべき役割」を「皇室という新しい道で自分を役立てることなのではないか」と表現した。なぜ雅子さんは「皇室という新しい道」という言いかたをしたのだろう。「皇室という新しい世界」でも「皇室という新しい場所」でもなく、「新しい道」。なにげないひとことではあるものの、雅子さんの考えかたの根底にあるものを示唆するひとこととして注目しておく必要がある。

皇室会議直後の雅子さんは、皇室が自分の新しい世界になる、自分の新しい居場所になるという気持ちになれていなかったのではないだろうか。むしろ、自分を役立てることを強く意識し、皇室はその際の通り道のように感じていて、それがそのままことばになったと考えるのが自然だ。役立てるべき「自分」と、「道」となる皇室。両者の位置関係に、雅子さんの潜在意識にある皇室との距離感があらわれているように思えてならない。

これが、一年後の会見では、「皇室の一員としてどのように国民と関わり、そして世の中のためにどのような役割を果たしていくのか」という言いかたに変わる。「皇室の一員」ということばに、帰属意識が芽生えているようすがうかがえる。ただ、この発言は続けて、「どのような役割を果たしていくのかということについて考えていかなければならないと思いましたが、その気持ちは今でも変わっておりません」と結ばれる。「考えていかなければならない」という気持ちは一年後も変わっていない。言い換えれば、結婚から約一年を経た時点でも、「考えていかなければならないという気持ち」でいることになる。

つねに考える、考えつづける姿勢がとても大切であることは言を俟《ま》たない。しかし、この場で真に語られるべきは、皇太子妃としての約一年の活動や経験、そこで感じたことを通してなにが見えてきたのか、どんな役割を果たしていこうと考えるに至ったのか、ではなかっただろうか。だが、現実には、一年の時を経てなお「考えていかなければならないという気持ち」でいる。「皇室の一員として」どんな役割を果たすのか、「これだ」と思える役割を見いだせず、この時点でまだ最初の一歩を踏み出せていないようすの雅子妃がいる。

この発言について考えるとき、宮内庁の怠慢を思わざるをえない。結婚後の最初の一年というすべてが新鮮な時期に、なぜ皇太子妃の「役割」についてたくさんの議論をしなかったのか。たくさんの識者に会ってもらい、雅子妃としてどんな役割を引き受けるのがいいのかをともに考えてもらう、そんな時間がどうしてもてなかったのか。

婚約が内定した後、神宮・宮中祭祀、皇室制度（歴史、法制）、宮中儀礼・慣行・作法、和歌、書道など計五十時間の「お妃教育」がおこなわれている。だが、座学による知識の受け渡しが主であり、ガイダンスに近い。早い時期に議論をくりかえし、皇太子妃として果たすべき役割の具体像や手ごたえが生まれていれば、雅子妃の公務の受け皿が広がり、皇太子妃としてのやりがいや生きがいにつながったはずだ。それができていれば、この後、長く続くことになる病気療養の経過もまた違ったものになったのではないだろうか。

ひたすら結論を求めるあまり

果たすべき役割をくりかえし問い、具体的に思い描こうとする作業は、新しい世界における自分自身の状況を理解するプロセスと重なる。

第一に、「私はここでなにをすべきか」と考えるとき、「私にできることはなんなのか」という自己確認がその出発点となる。自分としてできることのなかから、引き受ける意味があると思えるものを見出すことで、「これが自分の役割なのだ」と自信をもって言えるようになる。

第二に、果たすべき役割を考えることは、自分がいまいる世界について、「ここはどういう世界なのか」「この世界で求められるものはなんなのか」と問いなおすプロセスをともなう。自分に向ける目と自分がいる世界に向ける目。内と外に向けたていねいな吟味を経ることで、「自分」と「世界」は距離感をもちながらつながったものとなり、両者のバランスが保たれる。

自分が帰属することになった世界についてゆったりと理解すること、その理解を踏まえて、そこで自分が果たす役割を、手ごたえを確かめながら取捨選択するプロセスが欠かせなかった。

けれども、雅子妃はそういう機会に恵まれなかったように見える。結婚から十七年後の二〇一〇年二月、宮内庁は「皇太子妃殿下のご病状に関する東宮職医師団の見解」を公表した。体調を崩し、東宮職医師団による治療が始まって五年半が経過していた。診断による雅子妃の病名は「適応障害」だった。

医師団は「複数の明らかなストレス要因が発症の契機として認められた」と診断の根拠を述べ

たうえで、治療の経過などを詳細に明らかにしている。説明のなかに、婚約会見と相通じる一節がある。「東宮職医師団は、妃殿下が過去に、私的なお楽しみよりもご公務などのお仕事を優先されてこられたために、意識されないうちに心理的な閉塞感を強く感じられるようになられた面があると考えました」との説明だ。念のために言い添えれば、医師団の説明は誤解を招きかねない表現を含んでいる。「私的なお楽しみよりもご公務などのお仕事を優先されてこられたために」との部分は、一般的な勤め人や低賃金に甘んじながら働く若者たちの感覚からすれば、あたりまえの話であり、それが「心理的な閉塞感」につながったと言われても共感はしにくい。「私的なお楽しみ」は「自分自身の精神世界」と表現できるはずであり、そうした説明がなされていれば、無用な誤解や反発を招くこともなく、国民の理解と温かい視線につながったように思える。

雅子妃の心の動きとしてとらえると、自分自身の精神世界よりも公務などの仕事を優先させる傾向は、結婚を決意する理由となった役割意識にもつながる。と同時に、雅子妃の人格の根本をなすもののようにも見受けられる。であるならば、果たすべき役割を問い、具体的に検討する作業を通して自分と役割、自分と世界のバランスを取り戻すことが、快復への道筋につながっていくのではないだろうか。

そしてそれは、役割を果たすことを理由とした結婚から、二人の世界をより豊かに熟成させる結婚への質的広がりをともなうプロセスと言うこともできる。結婚から四半世紀を経たいま、あらためて結婚に至る経緯をふりかえってみると、ひたすら結論を求めるあまり、二人の世界を育むという視点や、機が熟するまで時間をかけるという考えかたを捨ててしまったことが、二人の結婚生活に重くのしかかったと言わざるをえない。そこに、報道自粛に端を発する思いもよらない制約によって結論を急ぐことを強いられた宮内庁の痛恨がある。

「中断」は自然だったか

皇室会議の終了を受け、皇太子、雅子さんの婚約会見に先立って会見した藤森昭一宮内庁長官は、雅子さんが皇太子妃に決まるまでの経緯を実直に、ていねいに語った。藤森長官の説明によると、二人の最初の出会いは一九八六年十月十八日。来日したスペインのエレナ王女を歓迎する東宮御所でのレセプションの場だった。その後、東宮御所、高円宮邸《たかまどのみや》などで都合四回、会う機会があったものの、八八年七月、雅子さんがオックスフォード大学留学のため英国へ旅立ったこともあって交際は途切れ、雅子さんの名は宮内庁の候補者リストから姿を消した。

長官の説明によれば、宮内庁からの内々の打診にたいし、小和田家から辞退の内意が伝えられたという。宮内庁の側でも、雅子さんの祖父の経歴をめぐって、慎重姿勢に転じるという経緯があった。

「雅子嬢の母方の祖父、江頭豊《えがしらゆたか》氏が、当時水俣病の訴訟継続中のチッソの社長等の職に就いておられたことにも慎重を期し、交際は自然に中断のやむなきに至りました」

藤森長官の説明は淡々としている。だが、それはけっして「自然に中断」したものではなかった。皇太子妃となる女性は、親子三代にわたって汚点があってはならない、懸念材料を抱えていてはいけない、万人に支持されなければならない。そういった数々の「条件」を設けてお妃候補となりそうな人たちをふるいにかけてきた宮内庁側が、雅子さんについては「水俣病の患者から歓迎されないのではないか」との懸念を根拠に、意図的に断ち切ったのが実態といえる。

この当時、宮内庁長官として判断にかかわった富田《とみた》朝彦《ともひこ》氏は退任後、『週刊朝日』（九一年三月八日号）の誌上で、

「小和田さんについては殿下に『こういう問題が付随しますからね』と申し上げました。殿下は『わかった』といわれましたよ」

と述べている。なお、皇太子と雅子さんの婚約内定後、富田氏は同じ『週刊朝日』（九三年一月二十二日号）で、

「あの発言は真意を曲げて伝えられたんですよ。私が（小和田さんに）反対したことはありません。ただ、当時は、いわゆる『チッソ問題』の被害者の方がまだ大勢おられました。加えて、批判勢力というか、社会運動派の人たちが（チッソの）東京本社に、押し掛けたりもしていた。そういう状況でしたから、もう少し様子をながめたほうがいいのではないかと、そう殿下に申し上げた。殿下はそれを『わかった』といわれたのです。『おやめなさい』といったのではなく『みつめましょう』といったのです」

と述べ、発言の意図を微妙に修正している。それでも、宮内庁がなにを気にしていたかは十分

に伝わってくる。

ちなみに、富田氏の「当時は、いわゆる『チッソ問題』の被害者の方がまだ大勢おられました」の認識は誤っている。あるいは、百歩譲っても、事実をあるがままに認識できていない。交際を断ち切った八八年当時もいまも、水俣病の認定を受けた患者だけでなく、申請が保留されたままの患者、申請することさえできずにいる患者を含め、大勢の被害者が苦しみつづけている。けっして過去形で語れる状況ではない。

時代は昭和の末期。世のなかは空前のバブル景気に沸き立っていた。「小和田さんとの話を打ち切っても、まだ殿下はお若い。この先、いい出会いが必ずある」。そんな楽観的な見かたが宮内庁内では支配的だった。

2 揺れる心

再会

二人が再会するのは、四年あまりの空白期間を経た一九九二年八月十六日。昭和から平成へと代が替わり、浩宮徳仁親王は前年二月の三十一歳の誕生日に立太子の礼を執りおこない、皇太子となっていた。国内メディアの報道自粛を受けて宮内庁は、長官が直接指揮に当たるお妃選びの特別体制をスタートさせる。小和田家側との仲介役を依頼したのが、元外務事務次官で国際協力事業団（現ＪＩＣＡ：国際協力機構）総裁を務めていた柳谷謙介《やなぎやけんすけ》氏だった。柳谷氏は皇室からの使者として、皇太子の結婚を成立させるべく動きはじめた。小和田家に「雅子さんをお妃候補に」と結婚を前提とした交際を申し入れ、再会にこぎつけるまでに三ヵ月あまりを要した。

この間、皇太子は七月十八日から八月四日まで外国訪問の旅に出ている。スペイン、ベネズエラ、メキシコの三ヵ国を訪ね、ニューヨークに立ち寄って帰国する十八日間の日程だった。皇太子を招待したスペインでは、セビリア万国博覧会とバルセロナ五輪開会式に出席したほか、スペイン王室との親交も深めた。雅子さんとの久しぶりの再会の場は、旅のみやげ話が緊張をほぐす糸口になった。

再会に至る経緯について藤森長官は皇室会議後の会見で、「皇太子殿下の強いお気持ちを受け、平成四年（九二年）五月初旬、第三者を介し、小和田家にお妃候補としたい旨、申し入れた。小和田家ではこれを重く受け止め、心労を重ねたようであるが、八月十六日に第三者の家で、また十月三日には宮内庁新浜《しんはま》鴨場で会う機会があった」と説明している。

再会の年は宮内庁にとって、歴史上初めての天皇訪中というきわめて重要な課題を抱えた年でもあった。天皇の訪中については、「中国側が天皇の戦争責任論をもち出し、謝罪を迫るのではないか」などの根強い反対意見があり、些細な手違いから賛否の論争に火がつく可能性があった。宮内庁として、世論が大きく分かれる事態に皇室を巻きこむことは避けなければならない。それだけに、きわめて慎重な取り扱いが求められた。訪中の閣議決定は八月二十五日、天皇皇后が北京に向けて旅立ったのは十月二十三日。皇太子と雅子さんの結婚に向けた水面下の動きがほとんど同時並行で進んでいたことがわかる。

このころの外務事務次官は雅子さんの父、小和田恆《おわだひさし》氏が務めていた。職務上、皇居を訪れることが多く、藤森長官と顔を合わせる機会も少なくなかった。しかし、次官としての立場と父親としての立場を峻別し、お妃問題については外務次官の先輩でもある仲介役の柳谷氏に一任する構えだったとされる。言い換えれば、父親として即座に「NO」と言ったわけではなかった。「あなたたちが説得して本人が受け入れるのならば」との条件付きで、皇太子との結婚を認めたかたちといえる。

鴨場でのプロポーズ

皇太子と雅子さんの二度目の顔合わせの場となった宮内庁新浜鴨場は、JR京葉線の市川塩浜《いちかわしおはま》駅に近い千葉県市川市新浜《にいはま》にある。例年十一月中旬から翌年二月中旬にかけたカモの狩猟期間中に、各国の駐日大使など内外の賓客を迎え、接待の場として使われている。狩猟期間を前にした十月初めは訪れる人もなく、木々の緑に囲まれた広い敷地は閑散としている。人の目を避け、二人が話し合う場とするにはうってつけの施設といえた。同じ三日から七日まで、天皇皇后は山形国体開会式出席などのため山形、宮城両県を訪ねており、宮内庁担当記者の多くが同行して東京を離れることもわかっていた。

皇太子はこの日、正式に結婚を申しこむ心づもりで鴨場に向かった。「外出」の情報が洩れることを警戒して、側近の職員が運転するワンボックスカーを使っている。後部座席に身を潜め、赤坂御用地の門を固める皇宮警察護衛官の目に触れないようにして外に出た。昼になって、東宮仮御所の皇太子の部屋に運ばれた昼食は信頼厚い側近が自分で食べ、食器を下げて皇太子在室を装った。事情を知る者を可能なかぎり少なくする、徹底した情報管制が敷かれた。警備を付けずに外出した経緯について皇太子は、婚約内定の約一ヵ月後、自身の誕生日会見で詳細に説明している。

「以前全く警備なしで出掛けたという事は、これはございません。今回が全く初めてのことであります。ただ、私としましても、ことに雅子さんの場合、以前に非常にマスコミにも取り上げられて、それでいろいろと取材されて大変な思いをされたということもございますので、今回も会う場合には本当に極秘で、そして本当に知られないで会う方法というものをいろいろ考えたわけです。その結果としまして、最終的には警備を付けずに会うという、言ってみれば前代未聞のことだったかも知れませんけれども、そのようなことになったと思うわけなんです」

「警備なしという極めて無防備な状態ではあったわけですけれども、それをする価値は十分にあったという、このことに関してはそういうふうに思っています」

身辺の安全を二の次にして臨んだ、決死の思いのプロポーズといえる。

一方の雅子さんはこの日、家人の車に乗って外出した。都心部のホテルの駐車場にいったん乗り入れ、人目につかぬよう別の車に乗り換えて新浜鴨場に向かった。マスコミの追跡はなんとしても振り切る構えに見えた。

皇太子と同様にさまざまな「対策」を講じたうえで鴨場に入った雅子さんだったが、皇太子からの「私と結婚していただけますか」という申し出に決心はつかなかった。雅子さんは、自分は短歌が詠めないなど、具体的な事例を列挙して皇室に入る困難さを述べたという。皇太子は婚約会見で、「この時の答えは、ま、はっきりしたものではなかったわけですけれども」と打ち明けている。

雅子さんが婚約会見で「仕事を、辞める……べきかどうかということについて、だいぶ悩んだことはございました」と述べているように、再会以来一ヵ月半、心は揺れており、簡単に決心がつく状況ではなかった。

鴨場で皇太子からプロポーズを受けた翌朝、雅子さんはいつものように外務省に出勤し、北米二課の執務室に向かった。腕にかけたコートの裾《すそ》が廊下に垂れているのにも気づかず、ずるずると引きずりながら歩く姿は、「呆然自失」そのものだった。

団藤重光氏

法学者で「刑事法学の泰斗《たいと》」とされる団藤重光《だんどうしげみつ》氏は、一九八三年から東宮職参与を務め、代替わり後は宮内庁参与として皇太子妃選びにかかわった。皇太子と雅子さんの再会から約一ヵ月後の九二年九月、密かに小和田家を訪ねている。気持ちを決めきれない雅子さんを説得するためだった。婚約内定の後、団藤氏は『週刊朝日』（九三年一月二十九日号）のインタビューで、結婚に向けた舞台裏での動きを語っている。まずは皇太子にたいして。

「私は機会があるごとに、殿下に助言や激励を申し上げました。軽井沢では、こちらからお伺いしたり、殿下が私の別荘においでくださったり、いろいろの機会がありました。東京でもよく東宮仮御所に伺うことがあるので、そういう機会がたびたびありました」

ここで出てくる軽井沢は天皇一家の夏の静養先に当たる。皇太子は九二年の夏、雅子さんとの再会を果たす直前の八月八日から十四日まで、軽井沢の千ケ滝《せんがたき》プリンスホテルに滞在している。ただ、このときは十二日に長野、群馬、新潟県境にある白砂山《しらすなやま》（二一三九・七メートル）に登るなどしており、じっくりと話し合えるだけの時間はなかった。これ以前の軽井沢静養は九〇年八月までさかのぼる。皇太子は八月二日に東京を発って新潟県の妙高高原でボーイスカウトの第十回日本ジャンボリーに出席した後、四日に軽井沢に入った。六日に一度、東京に戻り、七日午前中に代々木の国立オリンピック記念青少年総合センターで開かれた「漁船海難遺児育英会設立20周年記念漁船海難遺児を励ます会全国のつどい」に出席し、午後に軽井沢に戻るという慌ただしい動きかたをしている。この日、軽井沢に向かった天皇皇后、妹の紀宮清子《のりのみやさやこ》内親王（現黒田清子さん）と千ヶ滝プリンスホテルで合流し、皇太子は十三日まで過ごした。滞在中にくつろいだ服装で団藤氏の別荘に出かけており、なんらかの「助言や激励」があった可能性はある。

とはいえ団藤氏は年代的に戦前派に属する。東京帝国大学法学部を首席で卒業し、二年後にはそのまま助教授に就任。十年後の一九四七年から東京大学法学部の教授を務め、七四年に定年で退官するまで法学一筋で歩んだ。この間、現行の刑事訴訟法の制定（四八年七月。四九年一月一日施行）に参画し、法務省法制審議会などの委員として改正刑法草案の決定（七四年五月）に深くかかわるなど、つねにこの国の刑事法の中心にいた。東京大学教授を退官した七四年から八三年まで最高裁判所の判事を務め、裁判を通して世情に触れる機会があったとはいえ、皇太子より五十歳近く年上の団藤氏が結婚についてどのような助言・激励をしたのか、想像するだけでほほえましいものがある。

団藤氏は続ける。

「一方、去年（九二年）の九月には、一度、ひそかに小和田家を訪ねて、直接、雅子さんやご両親のご相談に乗ったこともあります。そのときは、いろいろと立ち入った意見も申し上げ、とくに殿下の強いご執心のほどを改めてお伝えするなど、何かと助言や激励をしてあげました。ただ、小和田家との接触はマスコミの目がありますので、極力、避けておりました」

努めて控えめな表現で語っているように見える。だが、ひそかに自宅まで訪ねてきた宮内庁参与が「いろいろと立ち入った意見」を述べる図式は、実態として宮内庁による圧力に近い。リベラルな思想の持主として知られる団藤氏には似つかわしくない動きであり、八月の再会以降、思うように進展しない状況に焦りの色を濃くし、時間を気にする宮内庁の内情が垣間見える。

外務省を休んだ間に

十月中旬には、小和田家から宮内庁に、雅子さんの気持ちが決まらないとの現状報告が届く。少し間を置いた十一月二十八日、こんどは雅子さんを東宮仮御所に初めて招き、二人でじっくり話し合う場が設けられた。

東宮仮御所を訪ねる直前、雅子さんは風邪をひいて十日間ほど外務省を休んでいる。この間のようすを、両親が雑誌『文藝春秋』（九三年三月号）の対談「娘・雅子が決意した日」で語っている。

「やはりこの時に雅子さんは結論を出されたのではないですか」との進行役の問いに、母優美子《ゆみこ》さんは、

「一週間ほど休みまして、一度出勤しましたけれど、またぶり返して結局、何週間かお休みすることになりました。その頃はたまたまアメリカ大統領選挙の時期で、仕事の量もそんなに多くなかったんです。それで、上司の方も完全に良くなるまで休んでいいと言ってくださいました。ただ、その間はたしかにそうやって休んでおりましたから、いろいろなことを考えることもできた

と思います」

と答えている。この間に結論を出したかどうかについては、否定も肯定もしない。

それを父恆氏が補足する。

「病気で休んでいた間は、比較的ほかのことに煩わされないで考えることができただろうと思います。しかし、私たちと雅子との話し合いは、どの時期と限ったものではなく、長い時間の中で折に触れて様々な形で話し合いをいたし、一緒になって悩んだこともございます。ただ、多少冷たい言い方だと思われるかとも思いますが、この問題は結局、人間としてどう生きるかという問題につながっていくことです。最終的には自分の人生をどうするかを決められるのは本人だけだと思います。ですから、親としては一生懸命一緒になって考え、考える材料を提供することはできても、やはりできることには限度があるということを痛感いたしました」

やはり、風邪をひいて仕事を休んでいるあいだに結論を出したかどうかについては、語っていない。

十一月の末に雅子さんが東宮仮御所を訪ねた際、心が決まっていたかどうかは定かではない。けれども、雅子さんはこの日、結婚すれば新居となる場所に初めて入った。そこで二人、じっくりと話す時間がもてたことだけははっきりしている。

それからまもなくして、十二月十二日に雅子さんが東宮仮御所を再訪することが決まる。宮内庁と皇太子にとって確かなのは、雅子さんが返事をもってくるという、その一点だけだった。返事が「ＹＥＳ」なのか「ＮＯ」なのか、宮内庁にも皇太子にも判断がつかなかった。不安ななかで迎えた当日、皇太子が受け取ったのは「謹んでお受けしたいと存じます」という待ちに待った受諾の答えだった。

苛立つ報道各社

この時点で、国内メディアの報道自粛が始まって約十ヵ月。報道自粛を最初に決めた日本新聞協会は、五月八日、八月五日、十一月十二日と三ヵ月ごとに報道自粛の期間を延長していた。

この間、藤森長官は「申し合わせ」締結時の約束どおり毎月、在京社会部長会に出て経過報告をしている。だが、その経過報告が判じ物のようで要領を得ない。「具体的な進展に結び付く成果は得られていない」を基本形として、「結婚という合理的ならざる要素をもつ事柄上いつ成果が得られるか予測は難しい」などと言う。経過の説明になっていないことは確かだった。

私たち取材班からすれば、長官がなにも言えないのは無理からぬことと思えた。第一回の延長をした五月は、候補を雅子さんに決めて動き出したばかりであり、二回目の延長の八月は再会にもこぎ着けていなかった。三回目の十一月は、鴨場で会うことはできたものの、受け入れてもらえるか、断られるか、まったく五分五分の状態だった。いずれの時点でも、進捗状況が語れるような段階に至っていない。なにをしているか、ありのままに話すわけにもいかないと考える藤森長官にとって、考え抜いたうえでの「禅問答」だった。

とは言え、新聞協会の加盟各社は、しだいに苛立ちと不信感を募らせた。三回目の延長を議論する時期には「宮内庁側に誠意が見られない。これ以上の延長はおこなわず解除すべきだ」などの強硬論が出るに至った。宮内庁はこの流れを押しとどめることができず、十一月十二日に開かれた新聞協会編集委員会は「延長要請には応じるものの、一年近くに及ぶ自粛措置は限界である」として、翌九三年一月三十一日を限りとして申し合わせを解除することを決めた。宮内庁に通告すると同時に記者発表するという退路を断った対応だった。新聞協会としては、不信感と憤り、苛立ちを前面に出した解除決定といえる。

「幻の皇太子妃」

そうした状況で迎えた「回答」の日でもあった。万が一、雅子さんの答えが「NO」だった場合にどうするか。期限内にどうしても決めなければならないと考える宮内庁は、すぐに切り替えて動き出せるよう「次の相手」の検討に入った。

「次の相手」も過去に何回か会ったことがある女性のなかから選ばれた。皇太子に説明し、天皇に報告して了承を得る手順は経た。相手の女性の内々の同意も得て、残り時間のあいだに確実に決められる態勢を整えて迎えた十二月十二日だった。雅子さんの受諾の答えの陰で、笑顔のさわやかな女性はひっそりと「幻の皇太子妃」になった。

もちろん、「次の候補」も事情は理解していた。ひとりの女性を傷つけることがあったとしても、なんとしても期限内に決める。人としての情を押し殺してでも決めなければならない。藤森長官がけっして語ることがなかった苦しみがそこにもあった。

そんな状況にあって、雅子さんからもたらされた「お受けしたいと存じます」の答えだった。

3 一生全力で

火花が散る相手

結婚を前提にした申し入れをしたのが五月初めで、八月の再会から四ヵ月。再会後に限ると、二人が直接顔を合わせて話をしたのは受諾の日を含めて四回だった。

なぜ、このような性急に答えを求める進めかたになったのか。その背景事情に踏みこむ前に、皇太子の結婚観をふりかえっておきたい。音楽仲間として天皇家と親交があった学習院OB管弦楽団副団長（当時）の鎌田勇《かまたいさむ》氏が婚約の内定後、雑誌『文藝春秋』（九三年三月号）で、「皇太子殿下の結婚観」と題して皇太子との興味深いやりとりを紹介している。

「二年ほど前に、私の結婚に対する考え方をご参考までにかなり率直に申し上げたことはございました。

殿下に、『これはと思う人とは火花がある瞬間に散るようなことがあるはずだから、そういう方を大切にされるべきです』

と申し上げたところ、

『そうですね。火花が散るようなお相手はなかなかいませんですね』

と答えられたのをはっきりと覚えております」

鎌田氏のアドバイスが、「火花が散らない相手はやめるべきだ」という趣旨なのか、「火花が散る相手に出会うまで、あくまでも待つべきだ」という趣旨なのか、この文脈だけでは判然としない。対する皇太子の答えも、「これはと思う人とは火花がある瞬間に散る」にたいする「そうですね」なのか、「そういう方を大切にされるべき」にたいする「そうですね」なのか、わかりにくい。ただ、いずれにしても、「火花が散る相手との結婚」というイメージが皇太子のなかにあることはうかがえる。

また別の場面でのやりとり。

「以前から、殿下に対して、

『縁というものはどこに転がっているかわかりません。今日なにもなくとも、明日お会いになる方にぱっと火花が散って急にご縁ができるということもあるかもしれません』

というようなことは何度も申し上げたし、殿下も、

『その通りですね。縁はどこにあるかわからないですね』

と言っていらっしゃった」

ここでは、火花が散る相手との「縁」が話題になっている。皇太子が応じた「縁はどこにあるかわからないですね」というどこかしみじみとした述懐の裏に、火花が散ったと自分が感じ、これが縁だと自分が感じる、そういう自分自身の気持ちが出発点になるのだという一徹な思いがうかがえる。誕生日会見でくりかえしてきた「結婚は自分で決めたい」という意気ごみに通じるものがある。雅子さんへのアプローチでは、そうした揺るぎなさが粘り強い説得になってあらわれている。


「自分の人生とかについて」


これにたいして、雅子さんのほうは、悩みに悩んだ末に出した結論だった。揺れた胸のうちを皇室会議後の会見で語っている。

「で、その考えている過程で、殿下からは私の心を打つような言葉を、いくつかいただきました。そのひとつは、これは十一月の後半だったと思いますけれども、私に対して、『皇室に入られるということには、いろいろな不安や心配がおありでしょうけれども、雅子さんのことは僕が一生全力でお守りしますから』というふうにおっしゃってくださいました。そして、さらには十二月の初めだったと思いますが、あの私がまだ、その……、私に対して、『どうぞ十分にお考えになってください』とおっしゃられて、ご自身も大変悩んだ時期がありましたというふうにおっしゃられたので、私が『何をお悩みになられたのですか』というふうに伺いましたら、ご自身としては、『僕としては、雅子さんに皇室に是非とも来ていただきたいというふうに、ずっと思っているけれども、本当に雅子さんのことを幸せにして差し上げられるんだろうか、ということを悩みました』と、言われました」

この説明をそのまま受けとめると、雅子さんは十二月初めの時点でまだ心を決めきれずにいたことになる。なおかつ、雅子さんの悩みは、プロポーズしてきたその人との結婚にあるのではなく、皇室に入るということ、そのことへの不安、心配が主だったようすが読み取れる。

雅子さんの悩みについては、父恆氏が『文藝春秋』の「娘・雅子が決意した日」で、娘の心中を推し量り、冷静に分析しながら語っている。

「その頃、雅子にとって考えなくてはならないことは二つあったと思います。一つは殿下のお気持ちに対する自分自身の気持ちという、主観的な問題です。もう一つは、皇室とか自分の人生とかについてどう考えるかという、客観的な問題でした。そして殿下に対する自分の気持ちが動いていく中で、どうしても後者の問題は最後まで雅子にとっては難しいものに思われたのではないかと思います。それは殿下のお気持ちとは関わりのないことですから。

そのことは、娘も非常に悩んだと思います」

恆氏が言っている「自分の人生とかについて」は、雅子さんの外務省でのキャリアを含む将来設計を意味していると思われる。

雅子さんの悩みには、主体的に自分の人生を決めていきたいという思いがこもっている。だから悩む。その悩みは多くの人が共感しうるはずだ。そして、最終的に皇室に入る人生を選んだ。決め手は皇太子のことば、のちに二人の「ラブストーリー」のキーワードとしてしばしば引用されることになる「雅子さんのことは僕が一生全力でお守りします」だった。皇太子の雅子さんにたいする誠意とそれによって心を動かされる雅子さんの心情はたしかによく伝わってくる。

それはしかたないことなのか……

けれども、気がかりな点がひとつある。皇室に入ることについての「いろいろな不安や心配」が結婚の大きな障害になる状況を、当の皇室の側はどう受けとめたのだろう。あるいは、「一生守ります」という皇太子の約束を、宮内庁はどう理解し、どう対応しようとしたのだろう。

婚約内定の当時、世のなかの受けとめかたとして、皇室が障害になる状況を議論の必要もない当然のことと位置づけ、「無理もない」「皇太子はよく言った」などの反応が目立った。

藤森長官以下の少数の宮内庁幹部は、雅子さんが「皇室に入る」ことについて悩んでいる状況をよく承知していた。仲介役の柳谷氏ら外務省ＯＢによる雅子さん説得のことばとして「皇室外交という新しい道で自分を生かすこともできる」という言いかたもあったとされる。だが、この説得は「外交官としての将来を完全に捨てることにはならない」という意味しかもたない。皇室に入ることについて、積極的な意味や価値の提示にはなっていない。宮内庁にしろ柳谷氏にしろ、「皇室」が障害になる状況をどう解消するかという考えかたに向かわず、それをしかたのないものととらえ、皇室が障害になる状況についてはなにもできないと考えていたように見えてならない。

当の皇太子も九一年二月、立太子の礼を前にした誕生日会見で「皇太子妃という立場が非常に大変であるということは、事実と思います」と明言している。そのうえで付け加えたのが、「ただ、結婚というものを実現させるためには、そのへんをちゃんと理解してくれる人でなければと思います。一回や二回会ってお互いが分かるというものではなく、時間をかけてじっくりとやっていく必要があると思います」だった。発言の当時は報道自粛の話はまだ出ていない。ましてや雅子さんとの再会など検討もされていない。そんな段階での発言である。雅子さんとの結婚に至る経緯がいかに本来のイメージから外れていたかがわかる。

けっして美談ではない

現実の場面では、物事は考えどおりに進まない。皇太子があるべきプロセスとして考えていたような「時間をかけてじっくりとやっていく」余裕は、宮内庁にはなかった。皇太子との再会後、正式に結婚を申しこまれた雅子さんは、皇室を自分にとっての「異世界」と感じ、皇室に入ることをためらっていた。それにたいして皇太子が「守ります」と口にする。その誠意が雅子さんの背中を押した。だが、このとき、どうしたらその「異世界」という感覚を乗り越えられるのか、時間をかけて雅子さんの「不安や心配」を受けとめ、解消する手助けをしようという発想は宮内庁になかった。

「一回や二回会ってお互いが分かるというものではなく」という皇太子の発言に反して、再会から結婚の受諾まで約四ヵ月、二人が直接会って話をしたのは四回だった。婚姻は両性の合意のみにもとづくものであり、会って話した回数が多ければいいというものではない。途中経過で要した時間が長ければいいというものでもない。しかし、そうではあっても、皇太子と雅子さんの場合、性急な結論だったことは否めない。

皇室会議から一年後の記者会見で雅子妃は、宮内庁担当記者からの「当初、皇室について思い抱いておられたイメージが実際とは違ったということがありましたでしょうか」との問いにたいし、「私の場合、結婚が決まる以前に皇室に対して特定のイメージというものは特に持っていなかったような気がいたします」と答えている。素直に受けとめれば、「皇室にたいし先入観はもっていなかった」という答えかたに聞こえる。だが、結婚後十年を経た時点での文書回答で示したしみじみとした感慨「それまでとは全く異なった新しい世界に入り、それまで想像できなかったような難しさというものに出会うことも度々ありました」と照らし合わせると、結婚を決断する時点で皇室についての特定のイメージをもつだけの知識も得られずにいたようすが浮かび上がってくる。

「僕が一生全力でお守りします」という皇太子の約束が決め手になる結婚は、けっして美談ではない。ためらう相手にたいし、愛のことばではなく、条件提示のようなことばを選ばざるをえなかった皇太子の切迫感がここにも出ている。

なぜそこまで急いだのか。

宮内庁側には差し迫った事情があった

手がかりは九三年の年明けという皇室会議開催の時期にある。宮内庁側には、どうしてもこの時点までに決着をつけなければならない差し迫った事情があった。そこに、ごく少数の宮内庁幹部だけが承知し、けっして口外することがなかった「想定外のできごと」がかかわっている。

すべての発端は「お妃選考を進めるために静かな環境が欠かせない」と考える宮内庁幹部の強い思いにあった。当時は、女性週刊誌や『FOCUS』『FRIDAY』『FLASH』などの写真週刊誌が競うように「お妃候補急浮上」「お妃候補に○○さん」といった記事を掲載し、テレビ各局のワイドショーが時にそれに追随していた。藤森長官が内心の苛立ちを抑えながら言う「報道が熾烈の度を深め」という状況がたしかにあった。

お妃候補となりそうな人をリストアップする際の一般的な手順として宮内庁は、天皇の友人・知人や学習院関係者などに「これは」と思う女性の紹介を依頼している。そうした先から「皇太子妃候補にどうか」という紹介があると、法律事務所などを使って人物調査をしたうえで、人を介して皇太子とのごくさりげない顔合わせの場を設けようとする。お妃選びの過程としては、まだ入り口にも達していない。だが、仲介者が遠まわしに話をもちかけたとたん、それと察した相手側が固辞の姿勢を示し、頓挫する事態が目立ちはじめていた。若い女性のあいだで「謹んでご辞退申し上げます」が流行語のように扱われる時代背景があった。

固辞の理由を尋ねると、「週刊誌などのメディアに騒がれたくない」がほとんどだった。もちろん、なぜ固辞なのか、ほんとうの理由ははっきりしない。それでも宮内庁内では、理由に使われる「メディア状況」をなんとかしたい、「静かな環境」をまず整えなければお妃選考は一歩も前に進まない、と考える幹部が多くなっていた。

第二章　報道自粛

1　藤森長官の執念

昭和のときは

宮内庁が意を決したように動きはじめたのは一九九一年、平成に入って三年目の初夏。この年の二月に徳仁親王は立太子の礼を経て皇太子になっていた。

藤森長官らはまず、日本新聞協会に加盟する新聞、通信、放送の各社を訪ね、社長、編集局長らに会って、「お妃選びについて静かな環境を得たい」と協力を求めた。念頭にあったのは一九五八年（昭和三十三年）七月、当時の皇太子と正田《しょうだ》美智子《みちこ》さんの結婚に際して新聞協会加盟各社が締結した「皇太子妃に関する報道協定」だった。このときは、皇太子と美智子さんは五七年八月に軽井沢のテニスコートで初めて顔を合わせ、以来、主にテニスコートでともに過ごす時間を重ねていた。宮内庁内で「候補は美智子さんで一本化する」との意思確認がなされ、正田家にたいして働きかけを始めようとする段階だった。

戦後初の皇位継承者の結婚であり、しかも候補者の美智子さんは初の民間出身者。事前に報道されれば「皇太子妃は旧皇族・旧華族から」と主張する勢力を中心に強硬な反対意見が噴出し、話そのものがつぶされかねないとの危惧が宮内庁にはあった。ただ、報道機関への協力要請にあたってそうは言えない。在京の新聞、放送各社を歴訪した宮内庁東宮職参与の小泉信三《こいずみしんぞう》氏は「皇太子に結婚について静かに考えるような環境を与えてほしい。皇太子妃が決まるというのは国民的な慶事だから、ある社の特ダネなどということでなく、全国の報道機関が一致して国民に知らせるというようにはできないものか」との言いかたで協力を求めた。

もちろん、当の皇太子が「静かに考える環境」を必要としているなどということはない。「皇太子のために」という要請が報道機関にたいしても説得力をもちうる。そんな時代でもあった。と同時に、「特ダネなどと、自社の利益だけを追い求めていてよろしいのか」と言わんばかりの言いかたが、戦後民主主義社会のなかで「公共の利益」の担い手になろうとしていた報道各社の急所を突いた感がある。対応を協議した新聞協会の編集委員会も「お互いに競争に追われて良識を欠く行動がないよう、新聞界全体の問題として話し合おう」といった考えかたでまとまり、協定に至った。

昭和の時代の「皇太子妃報道協定」は、

①皇太子妃報道に関しては、宮内庁当局の正式発表までいっさい紙面および放送で扱わない

②正式発表は、皇室会議が終わってから一時間後に行われることを了承する

——というシンプルな構成になっている。ただ、協定の締結から四ヵ月後の五八年十一月十八

日、所用で外出した美智子さんを自宅周辺に張りこんでいた報道各社の記者たちが追いかけ、驚いた美智子さんが母校の聖心女子大に逃げこむという混乱が起きた。これを受けて小泉信三氏は翌日の編集委員会にすぐに出席。「候補者の人権が尊重されるよう何らかの措置を」と求めた。結果として、当初二項目だった協定に「候補者の人権を尊重する趣旨を徹底するため、候補者宅への張り込み、追いかけ等は一切直ちにやめる」との一項目が追加された。協定の意図が取材の現場まで徹底されていなかったがゆえに起きた混乱であり、報道機関側がみずからの不手際で盛りこまざるをえなくなった一項目といえる。

藤森長官の戦略

それから三十四年。報道機関への協力要請に当たって藤森長官が用意したのも「静かな環境を」論だった。ただし、前回の「皇太子が静かに考える環境」とは異なり、「静かな環境で候補者選びができるよう協力を」という言いかたになっている。候補者選びの主体は必ずしも明確ではないが、ふつうに考えれば宮内庁になる。皇太子を矢面に立たせず、宮内庁が責任を負う構図といえ、皇室と報道機関の関係、さらに言えば皇室と国民の関係について、「昭和の時代とは違う」との認識が宮内庁にあったことがうかがえる。ただ、報道機関への働きかけを始めるに当たって藤森長官が、お妃候補の影も形もない段階での協力要請という前回との決定的な違いを十分に認識したうえで、それでも「先例があるからには不可能ではない」と考えていたことは疑いようがない。

藤森長官の思い描く戦略は明確だった。頭を下げつづけてでも、なんとかして新聞協会加盟各社の協力を取りつけ、「報道自粛」の各社間協定にもちこむ。新聞協会の取り決めを足がかりにして、日本雑誌協会に強力に働きかけ、週刊誌などを発行する出版社の自粛につなげる。そうした実績をもって在日外国報道協会に趣旨を伝え、海外メディアから協力を得るのはむずかしいとしても理解を得る努力をする。この一連の説得作業がうまく着地すれば、皇太子妃選考をめぐる報道は当面なくなる。それが、藤森長官が思い描く、メディア全体をカバーする「静かな環境」の姿だった。

新聞協会発行の『新聞研究』(九二年五月号、九三年二月号)によると、藤森長官は九一年の七月、協会加盟各社の編集局長、報道局長で構成する編集委員会の定例会に出席した。その席で正式に協力を申し入れ、次のような趣旨を述べている。

「妃選びを静かにやらせてほしい。皇位継承者の婚姻は報道界としても大きな関心事であることは十分に理解しており、取材・報道の自由に干渉する考えはないが、現在の激しい取材競争の結果、無関係の人にも人権・プライバシーの侵害が起きており、その報道に際しては特段の配慮をお願いしたい」

「週刊誌、テレビのワイドショーなどの過剰取材でプライバシーを踏みにじられ、皇太子妃候補に挙げられた女性がしり込みして辞退してしまう状況が続いている。報道界のリーダーとしての新聞に姿勢を示してほしい」

だが、長官が各社をまわりはじめた段階から懐疑的な意見は少なくなかった。国民の「知る権利」を背にする立場として、情報を得ながら報道しないという態度は容認しがたかった。「みずから報道しないと決めることは、メディアの自殺に等しい」とする強い反発もあった。新聞社からすれば、「新聞はお妃問題で興味本位の報道はしていない。騒いでいるのは一部の週刊誌とテレビのワイドショーではないか」との思いがある。新聞側の「そもそも要請自体が筋違い」という言いかたに無理はなかった。

「自粛やむなし」の空気

ただ、週刊誌などの報道と取材現場の状況に目にあまる部分があるのは確かで、「新聞が姿勢を示すことで雑誌などに働きかけやすくなる」という長官の言い分は説得力をもつ。書かれる側、取材される側の痛みを顧みないメディアのありようにたいする批判の声が新聞協会の編集委員会にも聞こえており、そうした状況が「良識ある対応をはかる」という考えで大筋合意する下地になった。もちろん「良識ある対応をはかる」だけでは、なんらかの対応をしようとしているのか、ただ単に報道の倫理を確認しただけなのか判然としない。玉虫色の「合意」であり、この時点では最終的になにもせずに終わる余地も残していた。

編集委員会の空気は当初、報道自粛反対論が優勢だった。それが、協会の最高意志決定機関であり、個別の加盟社の社長らで構成する理事会の考えかたを受けて変わったという。新聞協会の理事会は、出席者の発言など詳細な議事録を残していない。当時を知る関係者の話を総合すると、理事会の場で「宮内庁に協力すべきだ」との方針が示され、「報道自粛やむなし」の流れができあがったという。理事会での議論が編集委員会に伝わり、編集委員会の軸足は動く。自粛容認論が反対論を押し戻して両論が拮抗する状況となり、判断を保留する余地を残していたはずの玉虫色の大筋の合意が、実質的な意味を帯びるようになった——。そんな紆余曲折が浮かび上がってくる。

編集委員会は大筋合意のうえで、下部組織として「皇太子妃報道に関する小委員会」を設け、具体的な検討を委ねることとした。小委員会は、編集委員会の正副代表幹事、在京新聞・通信・放送十四社の編集・報道局長に在京社会部長会の幹事三人を加えた十六社十九人で構成された。

「何らかの取り決め」

新聞協会として「良識ある対応をはかる」との方針が決まり、具体策の協議が始まったものの、各社の主張は容易にまとまらなかった。小委員会も積極派、消極派にほぼ二分している。席上、「開かれた皇室といわれる中で、報道自粛の取り決めはいかがなものか」「外国報道機関の目にどう映るか」「多様化したメディア状況下で新聞協会だけ抑えても実効の確保は難しい」などの異論が出され、「これまでの記者の努力と成果が無になる」といった現場の意見も紹介された。その一方で、「宮内庁が『静かな環境』を必要とする事情は十分に理解できる」「このまま推移すれば無関係の人を含めて迷惑が及ぶ」などの危惧も表明された。それぞれが意見を述べ合った末にたどり着いたぎりぎりの一致点が、「候補者の人権、プライバシー保護の見地から、何らかの取り決めを行う」だった。「何らか」というあいまいな言いかたに決めきれない状況があらわれている。

当然のように、そこから先がまた難航した。「何らかの取り決め」と言っても、もっとも強く縛る「協定」を支持する意見から、罰則のない紳士協定のような「申し合わせ」でいいという意見、単なる「確認事項」で十分という意見まで、考えかたは分かれた。一方に「実効性をともなわないあいまいなものであれば、かえって混乱を招く」との理由で「厳格な縛り」を主張する社があれば、他方には「良識ある取材・報道の姿勢を確認すれば足りる」との構えを崩さない社があった。

ようやくたどり着いたのが、「取材は自由」としつつ報道を自粛する、取材と報道を分けて考える案だった。こうしておけば、日常的に皇太子妃報道をほとんどしていない社にとって、少なくとも途中経過の段階では実質的な制約はないことになる。小委員会は、「取り決め」を宮内庁との約束とせず、各社間の自主的なものとする考えかたで合意し、「皇太子妃に関する報道は、一定期間さしひかえる」との大枠をまとめた。自粛の期間、自粛する報道の範囲や内容、解除と発表のありかた、自粛期間中の宮内庁からの情報提供など、具体的なルールづくりは在京社会部長会に託した。

宮内庁の記者クラブに常駐する新聞・通信各社の記者は、ほとんどが社会部に属している。現場取材の指揮に当たる社会部長に下駄を預ける形といえた。ただし、委嘱の内容は「何らかの取り決めを行う場合のルール作り」とされ、取り決めを結ぶかどうかは小委員会が決めるとのタガがはめられていた。

小委員会の動きを横目に、藤森長官ら宮内庁幹部による個別社の「切り崩し」も続いた。取材現場から編集幹部まで反対意見が強かった朝日新聞社にたいしては、当時の中江《なかえ》利忠《としただ》社長が新聞協会会長だったことが説得材料になった。「協会を取りまとめる立場としてぜひとも協力を」との説得がなされた。

「申し合わせの実施細目」

新聞協会加盟各社が「皇太子妃報道に関する申し合わせ」を締結したのは、藤森長官の協力要請から約七ヵ月が経過した一九九二年二月十三日。大手紙やテレビ局の一部が宮内庁に協力する姿勢を示し、大勢が報道自粛容認に傾いた結果といえる。

合意の前提として、在京社会部長会で議論になったのは、報道側の協力にたいする宮内庁の「誠意ある対応」だった。皇太子妃候補が内定し、申し合わせが解除になる際に宮内庁から「内定資料」の提供を受ける。そこまでは宮内庁から約束を取りつけた。では、その中身をどうするか。考えを述べ合ううちに膨らんでいくのが要望の常でもある。

各社からさまざまな意見が出され、合意できた内容は宮内庁との交渉にまわった。最終的な合意事項をまとめた「申し合わせの実施細目」には、「内定段階での報道内容は以下のものとし、皇室会議前日、宮内庁から内定資料を提供する」との項目がある。「内定資料の提供を受ける」と書かなかったあたりにわずかなプライドがうかがえる。

内定段階での報道内容としたのは、

①候補者の氏名
②略歴（家族を含む）
③候補者の写真（スチール写真と映像。「映像」は候補者の肉声を含めた音声をともなうもの）
④選考経過

――など。これらについて宮内庁が要求を受け入れ、皇室会議の前日に情報、素材を提供することとなった。これだけの情報、素材の提供があれば、テレビ・ラジオは皇太子妃内定の「第一報」をオンエアできる。新聞・通信の場合は、号外用の紙面ならば十分に作れる。言い換えれば、まったく取材していない社でも内定の速報はできてしまうことになる。報道自粛の受け入れに前向きな社からすれば、宮内庁の約束は内定の速報で遅れを取らないための最低限の「保険」を意味した。

解除のタイミングをめぐって

在京社会部長会と宮内庁との話し合いのなかでもっとも難航すると思われたのは、申し合わせの解除のタイミングをめぐる綱引きだった。社会部長会側は皇室会議の開催前、文字どおり内定段階での一斉報道を「譲れない線」と位置づけ、宮内庁に譲歩を迫った。

皇室会議は、皇室典範によって定められた国の機関であり、皇室の重要事項を合議する。宮内庁の庁舎内で会議を開き、宮内庁長官や皇族が議員として入るとはいえ、宮内庁の判断で了承できるものではない。にもかかわらず、社会部長会側は皇室会議開催前の「内定」報道を認めるよう求めた。

たとえば、皇室会議が開催される朝、一斉に「内定」の報道が始まれば、国民は決まったことのように受けとめる。開催前の報道は皇室会議の議決を形だけのものにしてしまうのは明らかで、メディア側の要求は皇室法の根幹にかかわる「相当な暴論」といえた。当然、宮内庁は苦慮した。

要求する側にも「内閣総理大臣をはじめとした『三権の長』や皇族議員が、報道の追認に近い形式的な会議を認めるのだろうか」といった懐疑的な見かたがあった。無理を承知での交渉でもあった。だが、ここで藤森長官が驚くべき行動に出る。宮沢喜一《みやざわきいち》首相（当時）を始めとした皇室会議メンバーを訪ねてまわり、「皇室会議開催前の内定報道」という前代未聞の事態に了承を取りつけてきたのだった。お妃選びをなんとしても前に進めるという藤森長官の覚悟のほどがうかがえる根まわしだった。

粘り腰と突き放した観察眼

新聞協会内での議論の流れを見渡してみると、「上から下へ」の構造が見て取れる。

藤森長官が正式に協力要請をした相手は、新聞協会において編集部門のトップが顔をそろえる編集委員会であり、編集委員会は「良識ある対応をはかる」ことをまず決定し、具体的な対応の協議を小委員会に下命した。小委員会は編集委員会の決定を受けるかたちで「一定期間の報道自粛」の方針を決め、細部の検討を在京社会部長会に孫請けに出した。小委員会、在京社会部長会の議論、検討は容易にまとまろうとせず、異例の長期間に及んだ。だが、「良識ある対応をはかる」との編集委員会の最初の方針がつねに重石として機能した。小委員会以下の議論で出た反対意見は、なんらかの対応を前提とした報道の自由論、国民の「知る権利」論であり、宮内庁の要請をはねのけるだけの力はなかったと言わざるをえない。

新聞協会での議論が、一時は決裂に傾きながらも申し合わせの締結につながった背景には、藤森長官の執念と粘り腰がある。情報の提供や皇室会議前の内定報道など、きわめて大胆な譲歩が報道側をつなぎ止めた。だが、まがりなりにも最終合意まで進んだ背景には、「上から物事を進める」道を選んだ官僚としてのセンス、報道機関にも上下があり、上から降りてきた方針に現場は従わざるをえないと見る突き放した観察眼があった。

官僚の鑑

藤森長官の宮内庁着任は八七年十一月。厚生省（現厚生労働省）の出身で、内閣官房副長官からの登用だった。藤森長官は環境事務次官を務めていた八二年十一月、中曽根《なかそね》康弘《やすひろ》内閣の誕生に当たって指名され、中曽根首相在任中の五年間を官房副長官として官邸で過ごした。つねに冷静沈着で実務能力にたけ、後藤田《ごとうだ》正晴《まさはる》官房長官らの信頼を集めた。その仕事ぶりは「官僚のなかの官僚」と評された。

第三次中曽根内閣で初代内閣安全保障室長を務めた佐々《さっさ》淳行《あつゆき》氏は著書『わが上司　後藤田正晴』のなかで官房副長官時代の藤森氏について書いている。

「官房総務課長、総務参事官などと官邸勤務が長く、その裏表のない誠忠な滅私奉公ぶりは各省庁の役人や自民党政治家たちから高い評価を受けていた」

「五年間の官房副長官時代、藤森さんは首都東京を離れたことがなかった。シングルのゴルフ・プレイヤーなのにゴルフを断ち、老朽した副長官公邸に住み、何か事件・事故が起きると、必ず二、三十分以内に姿を現わすのだった。まさに〝護民官・内務官僚〟の鑑といってよい高潔な人物で、流石《さすが》の内閣五室長たちも藤森さんにはみんな一目置いていた」

とくに、危機管理能力の高さは定評があった。

名前の昭一は十二月二十五日から一週間しかなかった昭和元年（一九二六）の生まれ（誕生日

は十二月二十六日）だからという逸話を自慢げに話してくれたことがある。官房副長官から宮内庁への転身は、昭和の終わりを混乱なく迎えるという危機管理の重責を託されての人事だった。本人もそれを「天命」と考えていた。昭和天皇の闘病中は「私は陛下にお仕えするために宮内庁に来た。昭和が終わったら、私は退任します」が口癖だった。

昭和天皇闘病中の印象深いエピソードがある。急変をいち早くキャッチするため、宮内庁に常駐の記者を置く各社が皇居に出入りするすべての門と宮内庁庁舎内の主だった場所に二十四時間体制で記者を張りつけていた。長官室の前にも釣りに使うような小型の折り畳み椅子をもちこんだ記者が数人、長官が退庁するまで座っているのが常だった。木製の重厚な扉はいつもしっかりと閉ざされている。ある日、まったく出入りがないことを不審に思った記者が宮内庁内を尋ねてまわり、長官が不在であることを聞き出した。藤森長官は執務室の隠し扉を通って隣の部屋に抜け、記者の目の届かない場所から外出したのだった。

記者が見張っている扉を使って外出することもあれば、横に並んだ部屋を次々と抜けて外出することもある。どんな使い分けなのか、ついに聞き出せなかったが、記者に出入りを察知されない方法を試しているようでもあった。つねに備える。それが藤森流の危機管理の一端だった。隠し扉からの出入りを始めたころ、いつもの実直な表情の下に、どこか少年のような面白がる表情がうかがえる瞬間があった。昭和天皇の容体が下降線をたどりながらも安定し、小春日和のような時間が流れていた時期。いつ、なにがあるかわからない緊張のなかで、無事に過ぎようとする一日を喜ぶ表情だったのかもしれない。

藤森長官の「昭和とともに去る」との宣言は実現せず、思いは思いのままで終わった。長官在任は一九九六（平成八）年一月まで、七年と七ヵ月に及ぶことになった。昭和天皇を大喪の礼で見送った後も、天皇の代替わりにともなう即位礼、大嘗祭という一大事業が待ちかまえていた。昭和から平成へ、一連の儀式を滞りなく終えた皇室において、なお残る最大の課題が皇太子の結婚だった。

2 あいまいなままに

異論、批判を抱えこんで

新聞協会の申し合わせの特徴は、内部のさまざまな異論、批判をそのまま抱えこんだ点にあるといえる。そのことが「取材は自由」とし、自粛の範囲を報道に限定するというわかりにくい構成にもあらわれている。加盟各社の認識を無理にそろえず、あいまいなままにして決裂を回避した側面もある。報道を控える「期間」の扱いかたが端的な例だ。「申し合わせ」の第一項は「皇太子妃の候補者に関する報道は、一定期間さしひかえる。その期間は申し合わせ成立の日から三か月間とする」と期限を区切った書きかたになっている。そのうえで付属文書の「実施細目」に「報道を差し控える期間の延長（ロールオーバー）の決め方」の項目を設け、三ヵ月が過ぎる直前に宮内庁の経過説明を受け、その内容によってあらためて期間延長の是非および延長期間を決定する、と延長の手順を定めている。

なんの区切りも設けず、無期限の報道自粛に入ることについては、程度の差はあれ各社の躊躇があった。長期に及んだ場合、「読者の理解を得られないのではないか」との危惧だった。そこから出てきたのが、申し合わせの本体では「一定期間さしひかえる」「期間は……三か月」としておき、実施細目で延長の手順を決めるやりかただった。こうしておけば、読者の印象には「期間限定」が残る。読者の批判が高まり、報道自粛の継続がむずかしくなった場合には、次の更新期で打ち切る判断もできる。ようすを見ながら運用する考えかただった。

それと同時に、延長は何回までくりかえすのか、報道自粛は皇太子妃の候補者が内定するまで続けるのかというもっとも肝心な点は、あいまいなまま残された。少なくとも明文化されたなかに報道自粛の最終期限についての記述はない。

新聞協会内では、一部の社の最高幹部が宮内庁にたいし、「決まるまで続ける」との認識を示したとされ、藤森長官もそうなることを信じて疑わなかった形跡がある。

範を示す

ここであらためて、日本新聞協会の「皇太子妃報道に関する申し合わせ」に目を向けることにしたい。

「申し合わせ」は三項目からなり、第一項で報道自粛とその期間について述べたうえで、「ここでいう皇太子妃の候補者に関する報道とは『皇太子妃の候補者および候補者選考の経緯が推察されるような報道』をいう」と定めている。「書ける」「書けない」の線をどこに引くか。解釈の余地を残せば、抜け駆けを許す可能性も出てくる。その一方で、関連するあらゆる報道を控えるとなると、現場が過剰に委縮し、自主規制の範囲が歯止めなく広がる可能性がある。混乱が生じないよう厳密な規定を求める社から、できるかぎり緩やかな縛りかたを主張する社まで、各社間のせめぎ合いがあった。加えて、メディア対宮内庁の駆け引きもあり、その結果として合意に達した自粛の範囲といえる。「選考の経緯が推察されるような報道」まで加えた点が注目される。

ただ、この規定だけではなにが「選考の経緯」に当たるのか漠然としすぎている。たとえば、慣例となっている皇太子の誕生日会見で「登山にたとえると何合目ですか？」といった質問が出たとする。取材は自由なので、質問すること自体はありうる。そこで仮に、皇太子が「八合目といったところでしょうか」と答えたとして、それは報道することができるのか。なにも考えずにそのまま報道する社はありうる。一方で、「選考の経緯にあたるから自粛の範囲内となり、報道できない」と考える社から、「会見で出た発言だから自粛の対象にはならない」と考える社まで、ばらつくことは目に見えている。こうした疑問は議論の過程でも出ていた。このため、報道自粛の範囲について補足するかたちで「実施細目」に項目が設けられた。「具体的には、例えば『候補が二人、三人にしぼられた』といった記事は書かない」との例示だった。だが、それでもまだあいまいさは拭いきれない。申し合わせが避けがたく含んだ合意のためのあいまいさ、同床異夢的な側面がここにも出ている。

「申し合わせ」は第二項で「解除の手順など細則は別に定める」としたうえで、第三項で「皇太子妃候補者の人権、プライバシーに十分配慮し、節度ある取材を行う」という報道機関としては言わずもがなの精神条項を設けている。この項目について『新聞研究』(九三年二月号)は「宮内庁からの要請を考慮し、雑誌、テレビ(番組)に範を示すのであれば、抽象的な文言では影響効果がないので(略)あえて付記として加えることになった」と書いている。新聞協会の加盟各社がなにかを申し合わせたとして、それが週刊誌などの編集方針や取材のありかたに影響することはないと言っていい。「範を示す」という感覚に、「新聞、テレビがメディア界のリーダーなのだ」という自意識があらわれている。時代は九〇年代の初頭。ネットの脅威はまだ現実のものとはなっていなかった。

特落ちの恐怖

報道各社がまがりなりにも歩調を合わせた背景事情として、皇太子妃内定をどの社が「特ダネ」とするか、「勝ち負け」「抜き抜かれ」をにらんだ各社の思惑と現実的な判断があったことは否定できない。

皇室報道における当時の各社の力関係を見てみると、朝日新聞が重要な局面で特ダネを連発する傾向にあった。一九八七年九月、昭和天皇の体調について「天皇陛下、腸のご病気　手術の可能性も」と報じ、このスクープで八八年度の新聞協会賞を受賞した岸田《きしだ》英夫《ひでお》編集委員（当時）の存在は他社にとって脅威だった。これに続いて、昭和天皇の喪中だった八九年八月、礼宮文仁《あやのみやふみひと》親王（現秋篠宮《あきしののみや》）と川嶋紀子《かわしまきこ》さんの婚約内定を特報したのは私たち朝日新聞社の取材班だった。「いまの状況で行くと、皇太子妃も朝日新聞社に抜かれる（特報される）」と考える社は少なくなかった。

言うまでもなく、対象が皇室・宮内庁であっても、そこは取材・報道の現場であり、さまざまな出会いや偶然が勝敗を分ける。単純にどの社が先に報道するかという特ダネ競争の次元でいえば、皇室の動きをめぐる報道も一般の社会事象となんら変わりがない。もちろん、皇室報道独特のむずかしさはあり、たとえば天皇や皇太子の側近からなにかの話が聞けたとして、それをどうやって裏づけるか、どうやって十分な根拠を集め、事実であると判断できるレベルまでもっていくか、そのむずかしさを感じることは少なくない。

皇室報道の特殊性は、宮内庁の組織自体が皇室の公的な事務を所掌する「表《オモテ》」と、天皇家、宮家の私的な領域を預かる「奥《オク》」とにわかれていることからも説明できる。「オク向き」の話に

「オモテ」を担当する職員はかかわらないという宮内庁組織内の区分けは、根本的な部分で現憲法下での天皇制のありかたを反映しており、そうした構造が皇室報道を特殊にしている。取材の機会の面では、数少ない記者会見以外に天皇や皇太子にインタビューできる場はないと言っていい。懇談の場が設けられても「記事にしない」との条件がつく「オフレコ」に限られるなど、制約の多い取材環境であることは間違いがない。ただ、そうではあっても、特ダネ競争の局面では努力を続けるすべての社が同等であり、どの社にも勝つ可能性があり、負ける可能性が同じようにあるといえた。

絶対的に約束された特ダネなどあるわけがなく、必ず負けると考える必要などない。にもかかわらず、負けることを恐れる社にとって、特ダネ競争がなくなる報道自粛の申し合わせは「渡りに船」に近いものがあった。

皇室会議の前日に皇太子妃候補の略歴や写真素材などの提供を受ける約束も、一部の社の背中を押した。取材の態勢づくりや手間を惜しむ社にとっては、申し合わせは検討に値する、都合のいい枠組みといえた。

媒体特性の違いから

新聞協会の話し合いのなかで、象徴的な場面がある。「申し合わせ」の解除のタイミングをめぐる議論で新聞と放送が激しく対立し、膠着《こうちゃく》状態に陥った。紙媒体の新聞と電波媒体のテレビ・

ラジオ。媒体特性の違いを間にした永遠の綱引きともいえる。

新聞側は、朝刊が読者に届く時点をもって解禁とし、その時点からテレビ・ラジオも放送可とする扱いを主張した。ニュースが読者・視聴者に届く時間を基準にする考えかたで、こうしておけば、新聞は「テレビで見たニュース」を届けずにすむ。たいするテレビ・ラジオ側は解禁と同時のオンエアを主張して譲らない。テレビ・ラジオ側には「新聞が半日遅れで読者に届くのは媒体の特性であって、放送側の責任ではない」との言い分がある。新聞側にすれば、「報道の歴史を見ても、国の省庁に広報体制の整備を求めるなど取材環境を築いてきたのは新聞の努力。テレビ局、ラジオ局を育てたのも新聞社ではないか」との思いが根強い。双方が一歩も譲らず、社会部長会の議論は決裂寸前までいった。

にらみ合いの末、放送側が譲った。報道の自粛と宮内庁からの情報提供、皇室会議前の内定報道といった全体の枠組みを無にする決断はできなかったといえる。ただ、譲歩について「今回だけの例外措置とし、前例としない」との確認事項がつけられた。「申し合わせの解除（報道解禁）の時刻は皇室会議当日とし、新聞は当日朝に配られる朝刊、テレビ・ラジオは朝五時から」との合意内容が実施細目に盛りこまれた。

いかにして自社に有利な条件を勝ち取るか。そのせめぎ合いに関心が集中しているようすがうかがえる。そこに、報道自粛が世のなかになにをもたらすのか、言論状況にどんな影響を及ぼすのかといった自省的な問いかけはなかった。

最終局面で、報道自粛に否定的な社が妥協へと舵を切る論拠になったのが、「たしかに国民的関心事だが、これを知らせないと国益を損なうという次元の問題とは思えない」という「報道の価値」論があった。極論であり、取材現場の意識との乖離《かいり》はあったが、「皇太子妃にだれが決まっても国民生活にただちに影響するものではない」と言いきる態度には議論を終わりにする力があった。

3　突然の暗転

束の間の平穏

新聞協会の申し合わせ締結を受けて、両当事者がコメントを発表している。

新聞協会編集委員会の代表幹事を務めていた加藤博久《かとうひろひさ》読売新聞社編集局長の名前で発表されたコメントは、

「今回の申し合わせは、『皇太子妃候補の選考に際し、静かな環境を与えてほしい』との宮内庁からの要請にこたえ、一定期間を限って、自主的に、良識と節度をもって取材・報道にあたることに合意したものである」

だった。簡潔に経緯と趣旨を説明する態度に徹し、「報道自粛」という表現を微妙に避けている点が注目される。

これにたいして宮内庁長官のコメントは、

「日本新聞協会が、様々な困難な状況の下で、自主的に、『皇太子妃報道に関する申し合わせ』をされたことに、深く敬意を表します」

と切り出している。報道側の自主的な意思決定であることを強調しながら、最大限の賛辞を贈ったといえる。ただ、これに続く後半で、

「この申し合わせによって、かねてから願っていた静かな環境とプライバシーの確保が図られるようになることを心から期待します」

と述べ、取材のありかたにクギを刺すことも忘れなかった。半分は新聞協会に加盟するテレビ局、とくにワイドショーに向けたメッセージであり、残り半分は引きつづき協力を求める雑誌協会に向けた牽制だった。

ふだんは感情を表に出すことが少ない藤森長官だったが、このときは、望むかたちでお妃選考の出発点に立てた安堵感がその表情ににじんだ。新聞協会との交渉は、先が読めない、いつ決裂しても不思議でない状況で進んだ。長くもどかしい日々だったに違いない。だが、手にした成果は大きかった。新聞協会は申し合わせ締結の翌日、その内容をさっそく日本民間放送連盟、日本

雑誌協会、在日外国報道協会に文書で伝えている。同調が得られるかどうかは別にして、考えかた自体は宮内庁の期待どおりに広がりを見せはじめた。

思うように進まない皇太子妃選びのプロセスにあって、藤森長官にとって初めて訪れたに等しい束の間の平穏といえた。新聞協会が申し合わせの締結を決めて発表した二月十三日は週の後半の木曜日。この週の週末は、皇太子にとっても、藤森長官にとっても、本格化するお妃選びに備え、心安らかに英気を養う時間がもてる……はずであった。

二月十四日、銀座『吉兆』

だが、事態は、だれもが思いもよらなかったかたちで暗転する。

新聞協会の報道自粛発表の翌日。この日の宮沢喜一首相の動静が二月十五日付の朝刊各紙に載っている。

「(2月14日午後)6時33分、銀座の『吉兆』。大慈彌嘉久《おおじみよしひさ》アラビア石油相談役らと会食。9時7分、自宅」

報道自粛のニュースが朝刊各紙の紙面に載った、その日の夜にたまたま予定されていた会合だった。

大慈彌氏は通産省(現経済産業省)のOBで、宮沢首相が一九七〇年一月から七一年七月まで、第三次佐藤栄作《さとうえいさく》内閣で通産大臣を務めた際の通産事務次官だった。「日本経済の国際化」が言われ始めた時代。通産省は、日本製の安価な繊維製品をめぐって日米間でもちあがった戦後最初の貿易摩擦の渦中にあった。繊維製品輸出の自主規制を日本政府に強く求める米国とのタフな交渉は、米政府が交換条件のように位置づける沖縄返還交渉が絡み、対応をむずかしくしていた。「糸（繊維）で縄（沖縄）を買う」と言われた対米交渉の複雑さ、省庁の縦割りに納まらない問題の広がりが大臣と次官の連携をより深めたことは想像に難くない。宮沢首相と大慈彌氏は戦後の日本経済がめざすべき道筋をともに描く一方、対米難局にともに挑んだ間柄といえる。

宮沢首相は「政界随一」とだれもが認める英語力を任じ、一貫して親米路線を歩んだ。九一年十一月の自民党総裁選に勝ち、七十二歳にして初めて総理の座に就いた際は、「国際派の総理大臣」と評された。一方の大慈彌氏は通産次官を退任後、アラビア石油に入り、社長、会長、相談役と歴任している。社長時代には日本サウディアラビア協会、日本クウェイト協会の会長を務め、産油国との「経済提携および文化交流の促進」に尽力するなど、国際的な視野での活動が目立った。

通産省企業局長時代の大慈彌氏が、通商産業調査会発行の『通産ジャーナル』（一九六九年一月号）に寄せた論考がある。「アメリカに見る情報化社会の未来像」と題した文章のなかで大慈彌氏は、アメリカ新聞協会を訪ね、そこで触れた最新の技術について報告している。アメリカ新聞協会で説明を受けたのは「コンピュータが文章を望みどおりの長さに集約するというプログラム」についてだった。「コンピュータ、記憶装置、プリンター、ディスプレイ等を駆使した新聞編集は、極力人を節約した無人に近いスピードに富んだ新聞編集の明日を示唆していた。しかも新聞協会だけでなく、ロスアンゼルス・タイムズとマイアミ・ヘラルドが真剣な実用化の追及をつづけていると話していた」。文章の端々から、メディアの将来像と新たな可能性に触れ、心を動かされたようすが伝わってくる。

国際派二人の会話

国際派の二人が顔を合わせるのは久しぶりだったのかもしれない。少なくとも、宮沢首相になって以降、首相の「動静」に大慈彌氏の名前が出てくるのはこの日が初めてだった。くつろいだ会食の席で、会話がどのように進んだかも定かではない。だが、話題がいつしか、この日の朝刊各紙で控えめに報じられた皇太子妃選びをめぐる報道自粛の動きに移ったことだけはわかっている。

宮沢首相は総理の座に就いて三ヵ月あまり。宮内庁の新聞協会への協力要請は前任の海部《かいふ》俊樹《としき》首相の当時であり、報道自粛の動きに最初からかかわっていたわけではない。どのような経緯で報道機関が自粛を決めたのか、背景事情をくわしく承知していなかったとしても不思議ではない。宮沢政権の最大の課題は、なんと言っても政治とカネの問題、小選挙区制の導入を含む政治改革の問題だった。一九八八年に発覚した戦後最大の企業犯罪、リクルート社による贈収賄事件と有力政治家らへの未公開株式の譲渡問題が、依然として政界全体に重くのしかかっていた。政

（左）宮沢喜一首相。皇太子妃として小和田雅子さんが内定したことに「おめでたい」と述べる。（1993年1月7日午前／共同通信）

（上）大慈彌嘉久氏。（共同通信）

藤森昭一宮内庁長官。河野洋平官房長官と皇室会議の日程などを協議し、首相官邸を出る。（1993年1月7日午後／共同通信）

界の浄化を求める世論が高まり、政治改革が急務になっていた。そして、その政治改革関連法案をめぐる自民党内のせめぎ合いが海部首相を退陣に追いこんだことは、宮沢首相も十分承知していた。

政権基盤が盤石とはいえない宮沢首相にとって、世論の反発を招きかねない事態はなににょらず避けなければならなかった。一方で、首相として皇室会議の議長を務める立場でもある。皇太子の結婚は「国民的なご慶事」であり、財界には経済波及効果への期待感がある。結婚が決まるタイミングによっては内閣支持率のアップも期待できた。

さまざまな事情がからみながらも、国際派同士の意見交換は、「諸外国から見て、報道自粛はどう映るか」という報道機関のありかた論に傾いていった。

「先進民主主義国では、たとえ王侯貴族であっても、その結婚をめぐってメディアが自発的に報道を控えるなど考えられない」

「報道自粛は、健全な姿ではない」

「日本が後進国とみなされ、笑いものにされる」

その場で出たのは否定的な見かたばかりだったとされる。もちろん、いずれも正論ではある。だが、この場のやりとりのなかで、宮内庁がなぜそのような報道自粛を必要としたのか、そもそも皇太子妃選びはいまどんな段階にあるのかといった現状や背景にまで議論が及ぶことはなかった。

天の声

週明けの宮内庁はいつものように静かな朝を迎えた。執務室にいる宮内庁幹部の表情もいつもどおりだった。だが、その胸のうちは激しく揺れ動いていたにちがいない。週末をはさんで、官邸から宮沢首相の意向がなんの前触れもなく伝わってきていた。

「報道自粛はいつまで続けるのか。一年でやめるように」

一方的な厳命だった。

お妃選びを決着させるまでの戦略として藤森長官は、「静かな環境」を整え、皇太子の意向を確認しながらていねいに段階を踏んで進める心づもりでいた。そのために説得に努めた新聞協会加盟各社であり、そのために我慢を重ねた九ヵ月だった。

むろん、一日も早く決めなければとの思いはある。だが、「この人を候補に」と思えるような相手がいない段階で、この先どれだけ時間がかかるかなど見当もつかない。なにより、報道自粛は結婚の内定まで続けられると考えていた。

すべての目算が、宮沢首相のひとことで崩れ去った。

「報道自粛は一年限り」

内閣官房副長官の経験者として、首相のひとことの重みは十分に承知している。状況の変化は決まったこととして受けとめなければならない。この時点をもって、お妃選びは「一年以内に決めなければならない」案件となり、「そのためにどうするか」という逆算の発想で動きはじめることになった。

皇太子と雅子さんの結婚も、突きつけられた「一年以内に」が呼び水になった。

第三章

仕切りなおし

1　方針転換

「新たな出会いを断念する」

降ってわいた持ち時間の制約は、宮内庁に根本からの方針の転換を迫った。

お妃候補の選考作業をどんなふうに再スタートさせるのか、どうやって進めるのか。そしてなにより、一年以内にどうすれば決められるのか。はっきりしていたのは、これまでと同じようにやっていたのでは間に合わないという確信に近い感覚だった。追い詰められ、選択の余地がほとんどないこともわかっていた。

結論として宮内庁が選んだ方針はきわめてわかりやすく、よく考えればそれしかないと言うこともできる。けれども、これまでのお妃選びの過程で宮内庁が示してきた「完全無欠な皇太子妃」像へのこだわりからすれば、現実との妥協であり、価値観の放棄に近いものがあった。

「新たな出会いを断念する」

それが宮内庁の結論だった。

一年以内という持ち時間を考えれば、合理的な判断ともいえる。しかし、この方針転換によって皇太子の結婚は、出会いを得て、お互いの気持ちが通じ合い、関係が育まれて結論に至る自然なかたちでのプロセスを失うことになった。二人の関係が熟成するプロセスを経ることなく決まった結婚が、その後の結婚生活の質にどうかかわるのか。結果を得ることを最優先する考えかたに転じた宮内庁には、それを問いなおす余裕はなかった。

皇太子という立場にある限り、結婚して皇嗣を得ることは天皇制の存続にかかわる重大事であり、皇室を挙げての期待も大きい。だが、結果を得ることを最優先する考えかたはそこから一歩踏みこみ、皇太子の結婚を実務的に解決すべき「案件」と同列に扱う乾いた視線につながる。結婚に至るまでの進めかた自体も、合理的で効率的な判断を優先する事務手続きの色彩を色濃く帯びることになった。そうした乾いた視線や実務的な判断が、皇太子を追いこみ、ひいては雅子さんを追い詰める状況につながったといえる。

過去の検討や議論を……

再スタートを切るにあたって、それまでに推薦を受けた「候補者となりうる候補」のリストは長官の手元にあった。だが、一度も会ったことがない女性の場合、周辺を含めて再調査し、適当な仲介役を決めるまでに、いくら急いでも数ヵ月はかかってしまう。仲介役をはさまなければそれだけ時間の短縮にはなる。しかし、そうすると宮内庁が前面に出ざるをえなくなり、やりとりをきわめてむずかしくする。

たとえば結婚の趣旨をあいまいにしたまま、出会いの場をなにげないかたちで設けることはまずできない。最初から結婚の趣旨が伝われば、自然なプロセスは損なわれる。さらに、どこかの時点で断ることになった場合、宮内庁が相手の女性を傷つける事態につながる。宮内庁が相手を傷つけることは、皇室が傷つけるに等しい。そんな状況は可能な限り避けなければならなかった。

仲介役をはさむ場合は、仲介役を通して話をもちかけ、最初の出会いの場につなげる流れになる。相手の都合を聞きながら、皇太子の連日の公務の合間を縫って日取りを決めるには、通常でも一定の期間を要する。仮にそれでうまくいかなければ、次の相手を模索するうちに時間はなくなる。新たな出会いの模索が現実的な選択肢となりえない背景には、実務的なむずかしさが数多く存在していた。加えて、新たな候補を見出そうと努力を重ねながら、はかばかしい結果を得られずにきたこの何年かの経緯がある。一年以内という制約を課された時点で、これまでのやりかたは捨てるしかなかった。

新たな出会いの断念は、「すでに一度以上会ったことがある人を対象にする」との方針転換にほかならない。そして、「会ったことがある人」とは、会ったものの、それ以上は話が前に進まなかった相手を意味していた。つまり、皇太子が重ねて会おうとしなかった女性か、なんらかの理由で対象から外した女性のどちらかということになる。

ふつうに考えれば、皇太子がそれ以上会おうとしなかった相手を候補にすることはありえない。宮内庁の決断は「皇太子妃として、将来の皇后として妥当か」「国民に受け入れられるか」といった視点で検討し、結果として対象から外した相手を候補にすることを意味した。いわば、過去の検討や議論をゼロに戻す、重大な方針転換といえた。

ならば「小和田雅子さん」

時間の制約が生じた経緯を聞き、「会ったことがある人で」という方針転換を了承した皇太子が第一候補として挙げたのが「小和田雅子さん」だった。雅子さんについては、水俣病の原因企業、チッソの社長、会長を務めた母方の祖父の経歴が問われ、宮内庁が「交際」を断ち切る判断をした経緯がある。それから四年、皇太子の胸中では候補者としての雅子さんに「×」がついたことはなかったといえる。この間の心の動きについて、皇室会議後の記者会見で質問が出ている。

「雅子さんがお妃候補と騒がれたあと、ご交際が中断したことがありました。また宮内庁は一度、雅子さんを断念したと聞いておりますが、その時の皇太子さまのお気持ちはどうだったんでしょうか」

質問した記者は微妙に「チッソ」ということばを避けている。

たいする皇太子は、まっすぐ踏みこんで答えた。

「この件に関しましては、まあ あの、チッソの問題もあって、それであの宮内庁の方でも慎重論が出ておりまして、一時は中断することもやむを得ざる、やむを得ない状況ということになってしまいました。

また、その間、こちらの方（雅子さんの方を向いて）も外交官としての研修中でもあり、外交官としての仕事を続けたいという意向もありましたし、またあの、いろいろとこうマスコミの取材攻勢等もありまして、なかなかお互いに静かな環境のもとでもって、ゆっくり話し合うという機会がとれなかったように思います。

私としてはその間、常にこの、雅子さんのことが念頭にありまして、本当にあの、『雅子さんでは』ということを何回となく宮内庁の方に申し入れを致しました。

ただそうは言っても、私としても、私自身の気持ちというものも大切にしたいと思いますけれども、周囲の意見も、周囲の考え、これもまた大切にしたいと思っておりましたので、昨年、周囲の意見が『雅子さんでいい』というふうに固まったときには、たいへん嬉しいものがございました」

この発言を受けて、多くのメディアは「皇太子さま、貫いた恋」などと報じた。「常に雅子さんのことが念頭にありまして」の部分に焦点を当て、「一途な恋の物語」として描き出そうとしたといえる。

「私」の意識

「貫いた恋」という言いかたは、誇張を含んではいるものの、間違いとは言いきれない。けれども、四半世紀の時を経たいまの目で見ると、真に注目すべき点は、皇太子が「私としては」「私としても」「私自身の気持ち」とくりかえす「私」の意識であり、それと対比するように語られる「宮内庁の方」あるいは「周囲の意見」「周囲の考え」という文脈で語られる「周囲」への距離感であるように思えてならない。

質問にたいして、きわめて穏やかなことばづかいで語っている。穏やかなだけに見過ごしてしまいがちでもある。しかし、虚心に耳を傾けると、交際を断ち切ることを決めた「宮内庁の方」の判断、それをよしとした「周囲」の考え、そのいずれにも皇太子自身は心の奥底で納得しえていなかったという構図が浮かび上がってくる。会見での皇太子の発言は、そんな心の叫びに聞こえてならない。

目に見える動きとしては、皇太子もその当時、雅子さんとの交際を断ち切る判断を受け入れている。ただ、受け入れながらも、心の奥にどこか相容れない部分が残ったのではないだろうか。「宮内庁の方」あるいは「周囲」と呼ぶ存在と「私」とのあいだに生じた隙間のようなもの。それが、皇室会議後の会見で語られたことに注目したい。

周囲の判断と自分の気持ちの乖離はいくつかの経験を経て芽生え、それとは意識しないうちにしだいに根を張ったように思える。心に残った発言がある。

一九九一年二月、立太子の礼を前にした誕生日会見で皇太子は、質問者から「以前、結婚は『縁とプロセスが大切』と語られましたが……」と水を向けられ、「縁があったかということについては」と切り出した。そこでひとつ呼吸を飲みこみ、「あったかもしれないし」（間）「なかったかもしれない。再度恐縮ですが、そう申し上げさせていただきます」という答えかたをしている。この後は「縁とプロセスが大切であること、その気持ちは今でも変わっておりません。理想の女性像についても以前と変わっておりません。それとマイペースでということでも変わっていないことを付け加えさせていただきます」と続けた。

後半の発言はいつもの口調であり、流れるように口にしている。印象に残ったのは、「縁があったかということについては」の後に飲みこんだひと呼吸であり、「あったかもしれないし」の後に続いた無音の間だった。私には、心のなかで「縁はあったのです」と叫んでいるように聞こえてならなかった。

ある出会いと「別れ」

皇太子の念頭にあったのは、一年ほど前、学習院大学で話をする機会があったひとりの女性との出会いと「別れ」だったと確信している。「あったかもしれないし……」という皇太子のことばが、私には「あなたに会えてよかった」と心のなかで呼びかけているようにしか聞こえなかった。

引き合わせたのは早川東三《はやかわとうぞう》学習院大学学長（当時）だった。皇太子が大学を訪れることになっていたある日、大学で仕事をしていた女性を交じえて話し相手をさせた。早川氏は当の女性にたいし、どういう趣旨の同席なのか説明していない。それまでも、皇太子が大学にくるときに若い人と話をする場を設けていた。呼ばれた女性もそれだけのことと思って自然体で参加し、そのようすが皇太子の琴線に触れたかに見える。皇太子の求めで短期間に重ねて話をする場が設けられるに至った。

そうした経緯を私たちも見守っていた。だが、この出会いがそのまま結婚に結びつくとは思えなかった。なにより、相手の女性にそんなつもりがまったくない。説得の余地があるとは思えなかった。その辺の空気は皇太子も感じ取っていたのではないだろうか。ただ、そうではあっても、皇太子にとって心躍る新鮮なふれあいであるように思えた。

ところが、お妃候補になりうると考えた宮内庁がすぐに身辺の調査を始める。結果として出てきたのは、ある経済事件に親類の男性が連座し、逮捕されたことがあるという事実だった。会社員として働いていて、のちに捜査当局が違法とする行動を企業がとる。社員として会社のために働いていた者が捜査の対象となり、巻きこまれる。典型的な企業犯罪だった。しかし、宮内庁が出した結論は「ふさわしくない」だった。

皇太子はそれ以降、この女性と話をすることを断念することになる。相手の女性にとってはまちがいなく歓迎すべき事態だった。

だが、まだ恋愛にも至っていない相手にたいし、宮内庁が交際を断ち切るよう求めた事実は残る。皇太子にとってそれは、「宮内庁当局の介入」であり、役所によって自分の気持ちが断ち切られる事態を意味したはずだ。言うまでもなく、雅子さんとの出会いから交際の「中断」に至る構図とそのまま重なる。

皇太子自身、自分の置かれた立場はよく理解している。宮内庁の判断が「皇太子妃としてふさわしいかどうか」についてであることもわかっている。そこまでは飲みこめても、自分の気持ちを断ち切られることにたいする割り切れない思いは残ったのではないだろうか。それがいつか「宮内庁の方」「周囲」という突き放した表現に行き着いたのではないか。

交際を断ち切る判断をした宮内庁は「国民に広く歓迎される皇太子妃を選ぶためであり、当然のこと」と考え、皇太子の生身の心にどういう傷を残したのか、思ってみることはなかったように見える。

素直に判断に従う皇太子については、「お立場をよく理解しておられる」などの誰もが口にする人物評がある。けれどもそれは、ひとの心は揺れ動くというごくあたりまえの観点からすれば、想像力を欠いた決めつけにすぎない。厳しい言いかたになるが、身辺に仕える事務方のトップである東宮大夫《とうぐうだいぶ》にしても、東宮侍従長にしても、皇太子にまっすぐ向き合い、その胸の奥にあるものを真に理解しようとする意識は欠いていたように思えてならない。

『FOCUS』の記事

お妃選びの再スタートに当たって、皇太子と宮内庁幹部が「最初の候補」について相談し、雅子さんとすることを決める直前、新潮社の写真週刊誌『ＦＯＣＵＳ』（九二年三月二十七日号）に載った記事がある。「捨てがたい『美』と『気品』――海部前首相長男の結婚披露宴に出席した『小和田雅子』さん」との見出しが付いた記事には、新郎、新婦とその家族に挨拶する人の列を映した写真が添えられていた。新婦は外務省北米局に勤務していた雅子さんの同僚。挨拶の列のなかの雅子さんのようすを、記事は「濃紺のシルクのドレスに身を包んだ雅子さんは、溢れるばかりの気品に満ち」と描写している。

皇太子が「小和田雅子さんではだめでしょうか」と切り出したのは、記事が出た直後。記事を目にしていたならば、意を強くしたであろうことは疑いがない。

雅子さんを復活させ、第一の候補とすることが決まると、仲介役を誰に頼むかが次の課題になった。大役を引き受けたのは、元外務事務次官で、雅子さんの父、恆氏の外務省での七年先輩にあたり、個人的にも恆氏と親しかった柳谷謙介氏。藤森長官とも交遊があった。

仲介役を決めるのと同時に、話を進めるに当たって乗り越えなければならない課題が宮内庁にはあった。四年前に交際を断ち切る理由とした、「チッソ」についてどう説明するか、だった。なぜ前回は「だめ」としたものが今回は「問題なし」となるのか。誰もが納得できる説明がなければならなかった。

ここで、あらためて雅子さんが一度はお妃候補から外れるまでの経緯を確認しておきたい。

2　それまでの条件

「ティファニー」発言と「まだないです」

浩宮当時の結婚に向けた動きは、いくつかの節目に合わせて活発になる。ひとつが父明仁《あきひと》天皇が結婚した二十五歳という年齢であり、もうひとつが昭和天皇の健康状態だった。

二十五歳の誕生日は英国のオックスフォード大学での留学中に迎えた。一九八五年二月、ロンドンの日本大使公邸で恒例の誕生日会見に臨んでいる。結婚に関する質問には、

「研究が留学の目的なので、とくに考えていなかったのですが、学習院の同級生から結婚の通知が舞い込むようになったので、自分もそういう年齢になったんだなあと感じています。そろそろ考えなければと思っています。結婚は三十歳前がいいですね」

付け加えて、

「こちらの女性は自己主張がはっきりしています。大学一年生の十九歳でも大人という印象を受けます。話をしていて面白いのは英国の女性ですね」

などと述べている。

「そろそろ考えねばと思って」の率直なひとことに、結婚を人生の課題として意識しはじめたようすがあらわれている。なおかつ、相当な余裕をもたせての「三十歳前がいい」との目標設定だったと思われる。そしてこの年の十月三十一日に帰国。十一月五日の宮内庁担当記者との会見では、突っこんだ発言に変化している。

まず、「結婚問題についてですが、これまで、『この人なら……』と思われた女性に巡り合ったことはありますか？」との質問に「まだないです」と明言している。そのうえで、「お妃の条件として、具体的に年齢、身長、学歴、人柄および家柄などの点についてどうお考えでしょうか？」との問いには、「ご質問にあった、身長であるとか、学歴であるとか家柄とかは、私はそれほどこだわらないのですが、やっぱり結婚する相手として、自分とまず価値観が同じである人が非常に望ましいと思います」と話したうえで、自分のなかにあるイメージを説明している。

「具体的にいえば、たとえば美しいものを見た時にそれを美しいものとして評価できる、大切なものだったら大切なものとして認識してそれを大切に扱う。それから贅沢を避ける意味において、金銭感覚が自分と同じ人がいいと思います。たとえばニューヨークのティファニーに行ってあれやこれやと物を買うようでは困ると……（笑）。

二番目にあげれば、誰とでも気軽に話ができる人がいいと思います。人と会った場合でも、その人と話そうという環境を自然に作りだせる女性が結婚相手としていいと思います。話す時にも、控え目ではあるけれど必要な時には自分の意見がしっかりといえる女性。

さらにいえば、これから先は外国人との接触も多くなってきますから、ある程度、外国語ができる方がいいと思います。

最後に、自分と趣味とか関心、具体的にいえば、スポーツが理解でき、それから音楽を理解できる、必ずしもできなくてもいいですが、ともかく理解できることが必要だと思います」

「ティファニーに行ってあれやこれやと物を買う」というのは、聞く人の印象をやわらげようとするジョークに近い。「金銭感覚が自分と同じ」について重ねて問われ、「つまり質素だということです。贅沢ではなく、質素であることが必要でないかと思います。日本の皇室の伝統ということもあります」と真意を説明している。

帰国すれば記者会見がある。その場で出るであろう結婚や「相手」についての質問に備えて自分の考えをまとめ、たくさんのことばを費やしてていねいに伝えようとする姿勢が見える会見だった。ここで述べられたことばの数々は、どこかにいるはずだと思うまだ見ぬ相手へのラブコールのように聞こえる。と同時に、結婚の相手は自分の価値観にしたがって自分で決めるのだという静かな決意が発言の背後に感じられる。

では、「現状」はどうか。記者から「お見合いのように女性を紹介されたり、写真を示されたことは？」と問われ、「まだないです」と簡潔に答えている。事実として、紹介されたり写真を示されたりがあったかどうかではない。会ったことがあるかどうかでもない。自分として価値観が同じと思える女性についての断言、「まだないです」だった。

高まる期待感

節目の二十五歳に達し、英国留学から帰国すればお妃選びの環境も整う。作業の本格化を見越して、この時期から週刊誌などのお妃報道も増えはじめた。たとえば『週刊平凡』(八五年十月二十五日号)は、「浩宮さま〝理想の人発言〟でしぼり込まれた6人のお妃候補」との記事を掲載している。「理想の人発言」は、英国からの帰国を前にした十月二日、ロンドンの日本大使公邸で記者会見に臨み、結婚相手の理想像を問われて「スポーツは何かできた方がよいと思います。ある程度慎ましく、一方、聞かれた際には自分の考えを言える人のほうがよいと思います」などと答えた発言を踏まえている。

誌面には、さまざまな女性誌や写真誌が「切り札」「最後の候補」などと評した旧皇族の家柄の女性を先頭に、旧華族、かつての大大名、旧財閥の家系につながる六人の写真が並ぶ。本文では「お妃決定が間近——と思わせる客観条件がもうひとつある。それは天皇陛下が来年、即位60周年を迎えられることだ。この記念すべき年に孫殿下のご成婚を——という願いが関係者の間で根強いのだ」と書いている。

「ぜひ結婚を」との期待感は中曽根康弘首相を始めとした自民党内でも根強かった。翌一九八六年は、七月に参議院選挙が予定されており、自民党総裁選が中曽根氏の二期目の任期切れ(十月三十一日）にともなって秋におこなわれる見とおしだった。当時の自民党の規定では総裁の任期は連続二期四年まで。再々選は認めておらず、中曽根氏の去就が注目されていた。

中曽根政権が描いた戦略は政府主催で行われる昭和天皇の在位六十年記念式典を春に挙行し、はずみをつけたうえで衆院を解散して衆参ダブル選挙とする生き残り策だった。中曽根内閣は党内基盤が盤石ではないものの、高い支持率を保っており、ダブル選挙が議席数の回復につながるとの目算があった。在位六十年式典の日取りとして有力視されたのは昭和天皇の即位礼がおこなわれた十一月十日で、政府が決めたのは四月二十九日。ダブル選挙は目論見どおり衆参で自民党の圧勝となり、中曽根氏は「特例」で任期が一年延長された。

国民的な慶事によって政局運営にはずみをつけたいと考える政府、自民党の思惑は浩宮の結婚への期待感とそのまま重なっていた。

バブルの時代に

この時期の世界の動きとして、八五年九月二十二日のプラザ合意に触れておく必要がある。米・ニューヨークのプラザホテルで開かれた先進五ヵ国蔵相・中央銀行総裁会議は、協調介入によってドル安をめざす方向性で一致した。貿易と財政の巨額な赤字を抱えた米国の苦境が背景にあり、大幅な円高ドル安への誘導が各国の念頭にあった。「自由貿易を守る」との大義名分を掲げたプラザ合意だったが、日本経済は急激な円高による深刻な不況に陥り、製造業の国外流出も相次ぐ事態になった。日本政府は内需主導によって経済成長を促す方針を固め、公共投資による積極財政へ転じる。同時に日銀は段階的な公定歩合の引き下げによる長期的な金融緩和へと舵を切り、日本経済はバブルへと向かった。

不況からバブルへと向かう振れ幅の大きい時代。この国は活力に満ちている。そして、そうした気分と呼応するように週刊誌などの記事もトーンが強まる。『週刊明星』（八五年十一月二十一日号）は「浩宮さま　お妃候補はここまでしぼり込まれた!!」との踏みこんだ見出しを掲げ、NHK解説委員に「〝お妃選び〟の裏側」を語らせている。記事の核心は「〝お妃選考〟は浩宮さまがお生まれになったときから始まっている」という独自の見かたで、ゆえに「お相手の範囲もおのずからしぼられてくる」が結論だった。羊頭狗肉の感が否めない。

八五年の年末に発売された『主婦と生活』（八六年一月号）は「本誌総力取材」「新春特集」と銘打って「ここまで絞られた!?　浩宮さまのお妃候補」との記事を掲載し、十四人の「有力候補者」を紹介している。ここでは旧皇族・旧華族家など家柄で選んだと思われる女性を中心に、父親の妹が明仁皇太子の学友であったり家族ぐるみでテニス仲間であったりと、浩宮とのあいだでなんらかの「接点」がある女性を列挙している。

本文を読みかえしてみると、「容貌」をお妃候補の「基礎条件」としている点が目を引く。「それも並みの美貌ではなく、ひときわ目立つ、水際立った美人度が要求される」と書き、浩宮の学習院初等科時代からの学友の発言を紹介している。いわく、

「国民はダイアナ妃と同等、もしくはそれ以上の美人を求めている。ほかの条件は合致しても、美人でなければ国民は納得しない。皇室の人気もいっぺんにダウンしてしまうでしょう。一つや二つ欠けていても、これだけは絶対に外せない条件なんです」

言うまでもなく人には好き嫌いがあり、「美人」の見かたも千差万別といえる。なおかつ、大多数が「美人」と認める美貌の持主が仮にいたとして、その人が皇太子妃から皇后になったとき、国民は「美人」であるがゆえにそれを喜ぶのか。あるいは、皇室の「人気」は皇太子妃の美人度によって左右されるのか。女性を見た目によって評価する考えかたを含め、ここには考えるべき論点が示されている。私たちは皇太子妃になにを期待するのか、どんな資質を求めるのか。現行憲法下の天皇制を踏まえ、この当時に論じておくべきだった事柄を積み残してしまったことに気づかされる。

中川融氏は語る

この時期のお妃選びの動きについて、小和田雅子さんを候補として宮内庁に紹介した元国連大使の中川融《なかがわとおる》氏は婚約内定後、『文藝春秋』（九三年三月号）の記事「仲介役の一人として」のなかで舞台裏を明かしている。

「お妃選びというのは、殿下がご帰国になった八五年の暮ごろから本格的にスタートしたと思います。その年の十二月の終わりに、宮内庁の関係者の方から私に対して、『お妃さまのことで協力していただきたい』というお話があったんです。たいへんな重大責任だと思ったんですが、『私の知っている範囲で、ふさわしい方が見つかればご連絡しましょう』ということにさせていただいて、私なりにいろいろと情報を集めました。その中で、雅子さんのことが浮かんできたのです」

中川氏の情報提供がきっかけで、雅子さんは八六年十月十八日、東宮御所で開かれたスペインのエレナ王女の歓迎レセプションに招かれ、出席した。王女の来日にかかわった外務省幹部の家族という位置づけだった。中川氏は浩宮の英国留学に当たって宮内庁御用掛に任命され、アドバイザーとして世話をした経験がある。浩宮が留学を終え帰国する前後に語った「お妃の条件」も承知している。それを踏まえての雅子さん推薦といえる。名前を挙げた理由を中川氏はこう述べる。

「雅子さんはたいへんな才媛であり、しかもお美しい。それでいて、たいへん柔らかく、人当たりのいい感じを与えられる女性だというお話を聞きました。アメリカで暮らされて、語学もおできになる。また、当時、雅子さんは外交官試験に合格が内定していらしたのですが、ハーバードから東大に学士入学して三カ月で外交官試験に通った。これはつまり、新しい立場になっても、それを短期間に、容易に克服できる能力がおありになるんじゃないか。たとえお妃になられても、新しい環境に十分調和していかれる能力があるのではないか――。

そんなことを思って、『こんな女性がいらっしゃいますよ』ということを宮内庁側にお伝えしたんです」

後半は期待感の表明に近い。だが、皇太子妃として生きることは試験とは違う。すべての疑問に「正解」が用意されているわけでもない。現実の厳しさは皇太子妃としての四半世紀の歩みが示している。

昭和天皇がお元気なうちに

お妃選びの動きを左右するもうひとつの要素、昭和天皇の健康不安は皇太子と雅子さんの出会いから半年後の八七年春、表面化した。

四月二十九日、歴代天皇として最高齢となる八十六歳の誕生日を祝う昼餐会の席だった。場所は皇居・宮殿の豊明殿。各界の要人ら招待客が着席して始まった食事の最中、昭和天皇は突然、嘔吐し、美智子妃らに支えられて退席した。翌々日には公務に復帰し、五月二十日に赤坂御苑で開かれた春の園遊会にも出席したため、一過性の体調不良として受けとめられた。だが、実際には半年ほど前から体重の減少が続いており、侍医らのあいだでは異状を危惧する声が出ていたという。

検査の結果、十二指腸に問題があるとわかり、皇居内の宮内庁病院に入院したのがこの年の九月二十二日。朝日新聞の朝刊一面に「天皇陛下、腸のご病気　手術の可能性も　沖縄ご訪問微妙」の大スクープが載ってから三日後だった。このころから、誰もが「昭和の終わりの始まり」

を意識しはじめたといえる。

それは、結婚という課題を抱えた浩宮にとっても大きな節目だった。なんとしても昭和天皇に結婚の報告をして、安心してもらいたい。その思いは浩宮本人、当時の皇太子夫妻だけでなく、宮内庁幹部も共有する大目標になった。

出会ったばかりの皇太子と雅子さんの「交際」も、昭和天皇の動静と微妙に交錯する。高円宮が仲介に乗り出し、浩宮と雅子さんの歓談の場が設けられたのが八七年四月二十五日。ネパールなど三ヵ国訪問から帰国して間もない皇太子と外務省に入省したばかりの雅子さん、それと高円宮夫妻、四人だけのホームパーティーは深夜まで続いた。天皇誕生日の祝賀昼食会で昭和天皇が嘔吐する四日前にあたる。

浩宮がみずから「茶会」を催し、雅子さんを招いたうえで学習院の学友に同席を求めたのは昭和天皇が宮内庁病院での手術を終えて退院した同年十月七日の二週間後、十月二十四日の夜だった。「飲み物をいただきながら、学生時代、特に英、米両国での生活ぶりや、ソフトボール、登山などお互いのスポーツ、趣味などについて、三時間ほど楽しく語り合いました。初めのうちこそ、お二人とも緊張気味でしたが、次第に打ち解け、最後は笑い声が出るほど、非常に会話がはずんでおられました」（『サンデー毎日』九三年一月二十四日号）と、同席した学友はその場のようすを語っている。

3　迷走の果て

美智子妃が口を開いた

浩宮が東宮御所に招いた若い女性がいる――。そんな漠然とした情報が一九八七年の秋口以降じわじわと広がり、一部の報道機関にも伝わった。各社それぞれに周辺取材に動き、不確かな話が「外交官の卵の小和田雅子さんではないか」という個人名をともなった情報に変わる。そこから「婚約内定が近いのではないか」という憶測になった。

宮内庁の記者クラブに常駐記者を置く社は、宮内庁幹部との雑談やその表情などである程度の感触はつかめる。だが、日常的に宮内庁や皇室を取材していない社は、「あすにでもどこかの社が『婚約内定』を打つ（報道する）のでは」との切迫感を抱えながら周辺取材を重ねた。その切迫感がまた別の社に伝わり、切迫感の自己増殖が始まる。それがこの時期のお妃報道の構図といえる。

過熱気味の「お妃候補」報道に、美智子妃が口を開いたのは八七年十月。五十三歳の誕生日を前にした記者会見の席だった。

「浩宮の結婚については、もう何年も前に、(宮内庁）長官と東宮大夫にすべてを託して、東宮さまとご相談しながら、浩宮の意向にそってすすめてほしいと依頼してあります。私は少しでも早くよい知らせを聞きたいのですが、このごろ、あまりその三十歳説が出ますので、三十歳でもいいのかなという気持ちになってきました」

前年の誕生日会見で「(結婚問題については）もうこれ以上話せなくなるときがきますから」と述べ、これ以降は言及しない構えを示していた美智子妃だけに、予想外の踏みこんだ発言といえた。

「三十歳でもいいのかな」との発言は、結婚がすぐに決まるような状況ではないと暗に示すことで、お妃候補報道を鎮静化したいという含意と理解できる。と同時にそれは、「急いで結論を出す必要はないのではないか」という自分なりの判断を示しているようにも受け取れる。ゆったりと語っているようで、「どうか伝わってほしい」「慎重に考えて」と訴えかけるような、切なる響きが感じ取れる。この時期の発言であることから、浩宮と雅子さんの「交際」を念頭に置いての言及である可能性は高い。

日刊スポーツの特報

それでも、取材側の動きは止まらない。他紙に先駆け、「浩宮妃候補に急浮上　24歳の外交官小和田雅子さん」と個人名を特定した記事を掲載したのは日刊スポーツ（八七年十二月十九日付）だった。記事は「これまでの経過　10年間に60人の候補」「自宅はひと際目立つ豪邸」とのサイド記事も添え、手厚い紙面展開になっている。

「浩宮妃にこれまで取りざたされたことがない女性が急浮上した。その人の名は小和田雅子（おわだ・まさこ）さん、24歳。米国・ハーバード大卒、難関の外交官試験に合格したスーパーレディーだ。浩宮さま（27）には今春お目にかかり、単独でお会いしたこともあるという。小和田さんは旧華族の出身ではないが、父親も外務省高官と家柄は申し分ない。美智子妃殿下に続き、民間出身のお妃（きさき）さまになることも十分に考えられる」

と書き出し、

「浩宮妃をめぐっては多くの名家令嬢が〝候補〟として浮かんだが、ここへきて一般紙をはじめ写真週刊誌など各マスコミがマークし始めたのが、小和田雅子さんだ」

「その根拠は、雅子さんが浩宮さまに今春、あるパーティーでお目にかかり、その後、東宮御所で何回かお会いしたという情報だ。しかも、この秋には浩宮さまに雅子さん単独でお会いしたという」

「浩宮さまが単独で若い女性にお会いになることはめったにない。そんなことから雅子さんが浩宮妃候補としてにわかにクローズアップされてきた」

と続けている。

スポーツ紙という性格上、社会事象を取材する記者は限られ、単独取材に近い。しかも、宮内庁の記者クラブに常駐しているわけでもない。闇のなかを手探りで進むように周辺での取材を重ねてたどり着いた、みごとな特報といえる。

もちろん、朝日新聞を含めて一般紙の側で同様の情報をつかんでいた社はある。だが、候補に浮上した段階で「候補に浮上」との記事にはしないのがふつうだ。一般紙の発想では、婚約が実質的に固まるところまで待ち、結論が変わらないことを確認してから報じる。そこにスポーツ紙の持ち味がある。

「名刺を見せなさい」事件

日刊スポーツの記事が出た朝、東京・目黒区の小和田邸前でちょっとした混乱が起きる。外務省に出勤する雅子さんが自宅から五〇メートルほど歩いたところで、待ち構えていた写真週刊誌などのカメラマン数人が一斉にフラッシュをたいた。

「なんですか、あなたたちは。やめなさい」

顔をカバンで隠しながら制止する雅子さん。それでもシャッターを押しつづけるカメラマンに雅子さんは、

「あなたたち、どこの会社なの。名刺を見せなさい」

と声を上げた。その場のようすを十二月二十日付の日刊スポーツは、

「雅子さんは憤りをあらわにしながら、カメラを避けて行ったり来たり。前日も某写真週刊誌のカメラマンに写真を撮られ、注意を促したという」

「雅子さんは日刊スポーツ新聞社の取材に『お話は何ですか？』と一時は応対の姿勢もみせたが、写真攻勢がやまないため自宅に駆け戻り……」

と書く。これがのちに「名刺を見せなさい」事件と言われる混乱の顚末だった。混乱の責任がカメラマンの側にあるのは言うまでもない。雅子さんの対応に非はない。そうした状況のなかで逃げまどうだけでなく、立ち向かう姿勢を示せる気持ちの強さが、雅子さんにはあった。

「七、八合目」

日刊スポーツが特報する以前、雅子さんにインタビューを試みた社があった。十二月二十一日発売の『週刊女性』（八八年一月七日・十四日合併号）は「独占スクープ」「浩宮さま27歳　お妃候補電撃浮上！　才媛外交官・小和田雅子さん」との記事を掲載した。

「12月15日、朝。2日前に降った雪がまだ少し残る東京地方――。目黒区内の静かな住宅街を1人の若い女性が勤め先に向かっていた。

――小和田雅子さんですね？

『はい、そうです……』

（略）

——浩宮さまと、ときどきお会いになっていますね？

そのひと言に、一瞬、沈黙してしまった雅子さん。だが、何か心するところがあるように雅子さんはきっぱりとこういった。

『ノーコメントです。私の口から申上げられることではありません』

——最初は春ごろですか？

『……』

——最近もお会いですね？

『あの、私、急いでいますので……』

雅子さんは、そう軽く会釈をして最寄り駅の改札口に入っていった」

このやりとりが、週刊誌などに初めて載った「皇太子妃候補」小和田雅子さんの肉声だった。

雅子さんへの注目が一気に高まるなか、浩宮の誕生日会見が火に油を注ぐかたちとなった。二十八歳の誕生日を前にした八八年二月十九日、記者会見した浩宮は「お妃を山として富士山にたとえると、今はどの辺ですか？」との問いに「(結婚は) 三十 (歳) までということを申しましたし、自分としてはそれまでには、と考えていますから、まあ七合目。七合目から八合目……まだ富士山には登っていませんが……」と答えた。さらに「先程の『七、八合目』とはどういう意味ですか？」と重ねて問われ、「山頂は見えてもなかなかそこには近づけないという感じでしょうか」と補足している。いずれも、小和田雅子さんを意識しての発言とだれもが受けとめた。

「好奇心よ」

この発言を受け、誕生日の直後に発売された『週刊新潮』（八八年三月三日号）は「『頂上が見えた』というご発言で絞られる浩宮妃候補」との記事を掲載した。誌面には雅子さんの上半身のポーズ写真があしらわれていた。ただ、本文では否定的な見かたを紹介することも忘れていない。「お妃候補取材班のメンバー」なる人物に、

「父親の恒氏はこの三月にOECD大使に赴任しますが、大事な決断をする時に両親がヨーロッパにいたんではまずいだろう。もう一つは、小和田さん自身、この夏にイギリスへ研修に行くことになっていて、その手続ももう済ませている」

と語らせている。それに続けて、

「『一番のネックは、小和田さん本人に、まったくその気がないことなんです』

何でも、女友達に、

『プロポーズもされてないのに何でこんなに騒がれなくちゃいけないの』

といったという。

『それにしては、何回も東宮へ行くのはどういうわけ？』

と聞かれると、雅子さん答えていわく、

『好奇心よ』

現代風というか、いかにも才色兼備のスーパーレディーというところだろう」の一節がある。

『週刊新潮』が引用する女友だちと雅子さんとの会話が、全体としてどのような文脈だったのか、また雅子さんの発言が正確に伝わっているのか、判然としない。「プロポーズもされてないのに」については、雅子さんを宮内庁に紹介した中川氏が『文藝春秋』の記事のなかで触れている。

「(最初の出会いの)翌年の十二月頃から、マスコミが雅子さんのことを「お妃候補」と取り上げ始め、小和田邸の前には記者団が張り込むといった大騒ぎになってきました。

私は、さぞかし小和田さんご一家は当惑されているだろうと思い、お父様の恆さんに会って申し上げたんです。『実は申し訳ないけれど、私がこういったことでご推薦したんです』と。小和田さんはたいへんびっくりされて、『慎重に考えさせて下さい』とおっしゃいました」

雅子さんの側に、わけもわからず騒ぎに巻きこまれたという感覚があるのも無理はない。だが、宮内庁幹部のなかには「好奇心よ」という突き放した言いかたに驚き、違和感をもった向きもあったとされる。

ムシロ旗が立つのではないか

この前後から、雅子さんが皇太子妃としてふさわしいかどうか、慎重視する声が宮内庁内で高まっていく。最大の理由が「チッソ」の問題だった。母方の祖父、江頭豊氏が日本興業銀行の出身で、水俣病《みなまたびょう》の発生後、原因企業のチッソに転じ、社長、会長を務めたことは宮内庁も早い段階で承知していた。要は、その事実をどう評価するか、だった。

東宮職参与、平成となってからは宮内庁参与としてお妃選びに深くかかわった団藤重光氏は婚約内定後、『週刊朝日』（九三年一月二十九日号）で「チッソのことが問題にされていたのは事実です」と語っている。そのうえで、

「江頭さんが興銀の大阪支店長からチッソの専務、のち社長として入っていかれたのは、刑事事件として取り上げられたあの一連の事実が終わってから後のことなので、あれにはまったく関与しておられないのです。江頭さんは再建のためにチッソに入っていかれたのであって、チッソが再建できていなければ被害者への補償も実際上できないことになるわけですから、すくなくとも結果的に被害者たちのために役立ちこそすれ、恨まれる筋合いではないのです。この考えは、私は終始、ずっと主張し通してきました」

と述べ、自身の立ち位置を強調している。

これにたいして、江頭氏の経歴を問題視する宮内庁幹部は、法的責任論ではなく、被害感情論に立っていたといえる。患者らの被害感情は収まっていないとの見かたであり、「ご結婚後、皇太子夫妻として現地を訪ねたとき、ムシロ旗が立つのではないか」などの指摘がなされた。お妃としてふさわしいかどうか。浩宮本人の気持ちは切り離した場所で、賛否の両論が出る事態

になった。なにごとも整然と運ぶことを旨とする宮内庁にあって、きわめて異例のできごとであり、議論になること自体が雅子さんの減点材料視された。

最終的に被害感情論が勝り、「交際を断ち切る」との判断がなされた。「チッソ」の扱いに加え、「名刺を見せなさい」事件や「好奇心よ」発言などの印象が慎重姿勢につながった。宮内庁からの内々の打診にたいし、小和田家から辞退の内意が伝えられたことは、自然消滅に近いかたちで処理したい宮内庁にとって、渡りに船に近かった。

だが、「チッソ」の問題をどう評価するのか、宮内庁としての結論を出さず、あいまいにしたまま幕引きとしたことが、のちに雅子さんを苦しめることになる。

「私、この件につきましてはまったく関係ございません……」

当の雅子さんは宮内庁がいつ、どのような判断をしたかなど知らされていない。はっきりしているのは、浩宮からの「お茶会」などの誘いが来なくなったことだけだった。八八年七月一日、雅子さんはオックスフォード大学での研修留学のため英国に旅立つ。それでも報道各社の一部は雅子さんを「お妃候補」としてマークしつづけた。

昭和天皇の闘病を経て平成へと代が替わり、迎えた秋。八九年九月二十三日〜十月一日の皇太子のベルギー訪問の際は、雅子さんとの再会の場が設けられるのではないかと疑うテレビ各社のカメラクルーが、雅子さんのほうを追いかけまわす騒ぎになった。

いったんは図書館に逃げた雅子さんだったが、先生と相談して「一言二言話せば帰ってもらえる」と考え、カメラの前に立った。フジテレビのインタビューに「私、この件につきましてはまったく関係ございませんので、できれば取材をやめて、そっとしておいていただきたいのですが……」と話している。「一度、殿下とお会いになっていると思いますが」との質問には、「そういう質問にはお答えできないのですが、私も外務省の研修生として研修している身。研修が終わりましたら、外務省の職員としてやっていくつもりですので、そういうことでご理解いただきたいと思います」

結婚の意思がないことを明確にする発言だった。

一方の皇太子の側にも雅子さんを断念したように見える動きがあった。昭和天皇の存命中になんとか吉報をと考える宮内庁幹部らの働きかけを受け、八八年に別の女性との結婚を模索している。次の皇太子となる立場の重さが浩宮の背中を押したといえる。いわば立場を優先させた判断だった。結婚に向けて支障はないかに見えた。だが、ここでも相手女性の祖父の経歴がネックになった。

以上が、雅子さんがいったんお妃候補から外れた「事情」である。

もはや「なんでもあり」

新聞協会などの報道自粛が、宮沢首相の意向で「一年以内」となり、宮内庁は方針の転換を余儀なくされた。一年以内に婚約までたどり着くために、新しい出会いを求める考えを捨て、「これまでに会ったことがある相手」で話を進める方針を宮内庁は選択した。

一度は「だめ」とした相手を復活させる大胆な転換は、追い詰められた末の「なんでもあり」に近かった。復活候補の第一号が、皇太子自身の希望で選んだ小和田雅子さんだった。

紹介者の中川融氏は『文藝春秋』（九三年三月号）の記事で「昨年の五月頃、宮内庁の藤森長官から、『雅子さんのお話をもう一度進めたいと思う』という連絡がありまして、私としても、『もしできることがあればご協力いたします』と申し上げたんです」と書いている。皇太子が藤森長官の問いに「小和田雅子さんで」と答えたのが九二年の三月。宮内庁は約二ヵ月で「チッソ」の問題を調べなおし、被害感情論から「問題なし」とする説明へと転換したことになる。

しかし、宮内庁が仲介役に指名した柳谷謙介氏から、結婚を前提とした交際の再開を求められた小和田家側は戸惑いを隠せなかった。週刊誌などはこの間、江頭豊氏の経歴が障害になるなどと報じている。報道を事実と受けとめるかどうかは別として、「いわれのない指弾を受けた」「名誉を傷つけられた」と考えるのも無理はなかった。雅子さんの周囲に「皇太子との結婚が汚名をそそぐことになる」との強い思いが生じるのは不自然ではない。そしてその切実な思いは、雅子さんが結婚を決断するに当たって、背中を押す要因となりえた。

交際の再開を求める時点で、宮内庁側が小和田家に向き合い、この間の議論と「チッソ」の位置づけについてきちんと説明をして理解を求めたならば、強い「名誉回復論」を招くことはなく、雅子さんが名誉回復役を意識する状況にはならなかったに違いない。

皇太子妃選びにおいて水俣病の問題はどんな理屈で「支障なし」となるのか。宮内庁の判断の変化をたどる前に、次章ではチッソと水俣病、チッソと江頭豊氏の関係を整理したい。

第四章

水俣病

1　チッソという会社

水力発電からカーバイド、硫安製造へ

熊本は水の国でもある。水汲みの人が集まる湧水の清冽《せいれつ》さには胸を打たれる。水俣湾の小さな入り江では、不知火海《しらぬいかい》の鏡のような水面が民家の足元まで続く。人と水の距離が近い。工場廃水で海を汚染したチッソの始まりも水力発電。電気会社だった。

チッソ（日本窒素肥料株式会社。水俣病の発生当時は新日本窒素肥料株式会社だが、以下チッソで統一）の前身、曽木電気株式会社は鹿児島県北部、伊佐郡《いさぐん》羽月村《はつきむら》（現伊佐市）の川内川《せんだいがわ》に曽木第一発電所を造ってスタートした。竣工は一九〇七（明治四十）年。二年後にできた曽木第二発電所は当時、国内最大級の出力を誇った。余剰電力を約三〇キロ離れた水俣に送りカーバイド製造事業に乗り出したことが、合成化学会社としての多角展開につながった。

カーバイドに水を加えるとアセチレンを発生する。日本ではカーバイドが一八九〇年代後半に輸入されるようになり、灯火用として使われ始めた。日露戦争（一九〇四～〇五年）で移動可能

な光源としてアセチレンランプが大量に使用され、カーバイド価格が急騰。そこに目をつけたのがチッソの創業者、野口遵《のぐちしたがう》氏だった。

水俣工場は一九〇七年三月に建設工事が始まり、翌年八月に完成した。当初、熊本や鹿児島の別の場所が候補地だったが、水俣村の有力者が誘致を求め動いた。日露戦争の戦費調達のために塩の専売制が始まっていた。村の海岸部の小規模塩田による製塩が廃業を迫られ、それに代わる生業が必要だった。水俣工場への送電開始と同時に村の中心部に電灯がともり、以後、水俣はチッソとともに歩む。工場の事業拡大にともなって一九一二（大正元）年に村は町となり、二年後にチッソはカーバイドを原料とした硫安（硫酸アンモニウム）の製造を開始。そこから合成アンモニアの工業化成功、合成硫安、合成硝酸の製造と事業を展開していった。

興銀との関係

チッソが新興財閥の地位を築き、「日窒コンツェルン」と呼ばれるようになるのは一九三〇年代の昭和初期。一九四四（昭和十九）年には製造業十一社、電力業三社、鉱業五社、交通運輸業十一社、林業・水産業四社、不動産・商業四社など四十社の企業グループに成長している。

急拡大のきっかけは一九二五（大正十四）年、日韓併合によって植民地化していた朝鮮半島への進出を決めたことにある。と同時に、朝鮮半島への進出は主取引銀行《メインバンク》の交替にもつながった。創業以来、三菱財閥の支援を受けてきたチッソだったが、朝鮮半島での電力事業の拡大をめぐって意見が対立し、消極論をとる三菱側が一九三三（昭和八）年に融資の引き揚げを決めた。代わって主取引銀行を引き受けたのが、日本の基幹産業に長期資金を供給する役割を担う政府系特殊銀行、日本興業銀行（興銀）だった。

興銀は敗戦後、チッソが日本窒素肥料株式会社から新日本窒素肥料株式会社として再出発する際、新会社の筆頭株主になるなど、関係を深めた。それがのちの経営者派遣への流れをつくる。戦後の復興に向けて重工業を育成する。それが国の課題だった。

一九六二（昭和三十七）年五月、興銀頭取の中山素平《なかやまそへい》氏は雅子妃の母方の祖父、江頭豊氏をチッソに送りこんだ。興銀は多くの人材を輩出しており、経済同友会代表幹事を務め「財界の鞍馬天狗」と呼ばれた中山氏自身をはじめ、中山氏と同期の入行で後に日産自動車に転じて社長を務め、「日産中興の祖」となった川又克二《かわまたかつじ》氏など、多くの興銀出身財界人がいる。その流れに江頭氏のチッソ入りもつながる。

アセトアルデヒドの生産

水俣病は、チッソ水俣工場のアセトアルデヒドなどの製造工程で副生されたメチル水銀が工場排水に溶けこみ、それがそのまま水俣湾に流れこんだ後、食物連鎖などによって魚介類の体内に濃縮蓄積されることで起きた。水俣湾で獲れる新鮮で豊かな魚介類を食べていた人たちが患者となった。工場排水が環境を破壊した公害事件であり、猛毒のメチル水銀が中枢神経系を侵した食中毒事件だった。

チッソ水俣工場が酢酸や塩化ビニールなどの原料となるアセトアルデヒドの生産を始めたのは一九三二（昭和七）年五月。日本で初めて塩化ビニール樹脂の製造に成功し、商品化したのは一九四一（昭和十六）年だった。そして迎えた敗戦。朝鮮半島の化学コンビナートなど国外資産のすべてを失ったチッソの戦後は、空襲の被害を受けた水俣工場の再建から始まる。食糧の増産に欠かせない肥料の硫安の製造再開は敗戦から二ヵ月という速さだった。

一九四九（昭和二十四）年六月には九州を巡幸中だった昭和天皇が水俣工場を訪ね、戦災から立ちなおって肥料の増産に励む姿を視察している。「いろいろ困難な問題もあるでしょうが、日本再建、生産増強のためしっかりお願いします」との激励のことばが昭和天皇からあったとチッソ社史『風雪の百年』は書く。

塩化ビニールの製造再開は七ヵ月後の五〇年一月。戦後日本の再建とともに業績を回復し、増産へと向かう過程は、工場排水による汚染が急速に悪化し、水俣湾の自然と生き物の命を脅かすようになる軌跡とそのまま重なる。

「過去に例がない原因不明の疾患」

異変をはじめて報じたのは熊本日日新聞だった。一九五四（昭和二十九）年八月一日付の朝刊に水俣市茂道《もどう》でネコが全滅したとの記事が掲載された。六月初めごろから、ネコが急に狂ったようになり、海に飛びこむなどして死ぬケースが相次いでいた。後からふりかえれば予兆とわかる。水俣湾周辺では一年ほど前からカラスや海辺の鳥たちが飛べなくなる、魚が浮くなど、小さな生き物の異変が目撃されていた。

水俣病の公式確認の日は五六年五月一日とされる。新日本窒素肥料水俣工場付属病院（以下チッソ付属病院）の細川一《ほそかわはじめ》院長が水俣保健所に、「過去に例がない原因不明の疾患」の発生を報告したのがこの日だった。細川院長は引退後、『文藝春秋』（六八年十二月号）に「今だからいう水俣病の真実」との文章を寄せ、医師として向き合った一連のできごとをつづっている。細川氏によると、「奇病」との最初の出合いは五四年六月十四日だった。この日、工場の倉庫係の男性社員（四九）が診察を求めてきた。手足やくちびるの痺れ、言語障害、求心性の視野狭窄などが見られた。すぐに眼科で眼底の検査をしたが異状はない。脳血管障害や脳炎などを疑うものの、病気の「正体」はつかめなかった。打つ手も見つからないまま男性患者は約二ヵ月後に死亡。翌五五年の八月初め、こんどは農家の主婦（四二）がやってきた。

主婦の症状は前年の男性患者とほぼ同じで、三ヵ月ほどで亡くなってしまう。そして五六年四月初め、「それまで散発的だったこの奇病が、急に多発しはじめた」。

四月初めのある日、小児科の医長がやってきて、「子どもがふたり入院したが、どうも脳炎のようだが少しおかしい、一度みてくれないか」という。二人の症状は亡くなった男性社員、農家の主婦とそっくりだった。そこに内科の医長が来る。大人で同じような症状の患者を入院させたという報告を聞き、細川院長は「もう間違いはない。これは、いままで存在しなかった新しい病気の発生である」と確信したという。

苦しんで、苦しんで

チッソ付属病院への入院が水俣病の公式確認につながった田中家の三女静子さん(当時五歳)、四女実子さん(同二歳十一ヵ月)姉妹が発病した際のようすを、長姉の下田綾子さんが東京・品川駅前特設会場で開催された「水俣・東京展」(一九九六年九月〜十月)で初めて語っている。

田中さんの家は水俣湾に面し、チッソ水俣工場が排水口としていた百間《ひやっけん》港に近い水俣市月浦坪《つきのうらつぼ》谷《だん》にあった。小さな入り江にこんもりとした木々の緑と山の斜面が迫り、潮が満ちると家の窓から魚が釣れるような場所だった。子どもたちには海辺が絶好の遊び場になる。貝やビナ(巻き貝)を採るのが静子さんも実子さんも好きで、潮が引くと弁当箱とカキ打ちの道具をもって出かけていく。船をつなぐ波止場につく小さいカキを採って食べるのが楽しみだった。豊かな生活ではない。食糧事情もよくない。それでも家族が身を寄せ合って暮らす穏やかな日々。平安はなんの前触れもなく崩れた。

一九五六(昭和三十一)年の四月十一日、夕飯を家族で食べていたときに、静子さんがご飯をこぼしたり皿を落としたりして父親に叱られた。

それが翌朝はもっとひどくなった。足がもつれて歩けなくなり、うまくしゃべれなくなる。

二、三日そんな状態が続き、四日目くらいに目が痛いと泣き出してからは、すぐに目が見えなくなり、手がうまく使えなくなって、靴も履けない状態になった。

それから八日ほどして、こんどは実子さんが発病した。静子さんのほうは急に症状が出たが、実子さんはだんだんにきたという。

「靴が履けないと指で指していうたのが目にすがって（焼き付いて）いますが、それが実子がものをいった最後でした」

静子さんは五九年一月二日に亡くなる。二年半の入院生活のあいだ、「本当に苦しんで、苦しんで」の死だった。一方の実子さんは六二年の八月、重い病状のまま退院して家に戻った。六年半ぶりのわが家。九歳になっていた。実家では家族による看護が続いたが、水俣病の認定を受けていた両親が八七年に相次いで亡くなり、それ以降は姉の下田綾子さん夫婦の介助を受けながら暮らしている。

「水俣市奇病対策委員会」

原因不明の「奇病」に対処しようとする地元の取り組みは速やかに始まったといえる。報告を受けた水俣保健所の伊《い》藤《とう》蓮雄《はすお》所長（当時）はすぐにチッソ付属病院に出向いて患者の惨状に驚き、約三週間後には保健所を中心に地元医師会、市立病院、市衛生課にチッソ付属病院を加えた「水俣市奇病対策委員会」を立ち上げている。この異変はなんなのか。初めて見る激しい症状の患者が多発する事態に直面し、「正体」をつかむことが急務だった。

伊藤所長、細川院長らは過去に同じような症状の患者がいなかったか、市内の開業医を訪ね、患者や死亡者のカルテを再点検することから始めた。同時に、患者が出た水俣湾周辺の集落に連日のように足を運び、奇病の手がかりを求めて一軒一軒訪ねては、暮らしぶり、生活習慣などを聞いてまわった。

その結果、アルコール中毒、脳卒中、日本脳炎などの診断名が付けられていた患者三十人が、同様の症状だったとわかる。奇病の発生は確認された事例に限っても一九五三（昭和二十八）年十二月までさかのぼれた。同時に、患者が漁村地区に集中していること、一家に何人もの患者が発生していることなどもわかってきた。

八月に入って水俣市は熊本大学医学部に原因の究明を依頼する。熊本大学医学部は内科、精神神経科、病理、薬理、微生物、衛生、生化学、公衆衛生などの教授らによる水俣奇病研究班を結成し、地元と協力し合って原因究明に力を注いだ。研究班員として水俣を訪れた内科助教授の徳《とく》臣晴比古《おみはるひこ》氏は、はじめて見る奇病患者のようすに慄然とする。

「若い婦人であろう、黒髪を振り乱して、頬がこけ、皮膚は灰色をしている。虚空を見つめ、言葉にならない唸き声を上げて手足をバタつかせ、のたうち回っている。木製のベッドの端々に体を打ちつけて、皮膚は破れ、血が滲んでいる。時々、激しいひきつけが全身を硬直させて潮の如く去ってゆく」

のちに水俣病の原因物質を突きとめる徳臣氏の奇病原体験だった。

すでに汚染源として注目されていた

熊本大学医学部研究班の第一回研究報告会は三ヵ月後の十一月三日に「中間報告」のかたちで開かれている。

「熊本県芦北地方殊に水俣市郊外の一定地域に昭和二九年より散発的に不明疾患の発生をみ、昭和二九年度には約八名、昭和三〇年度には約五名の患者が観察されていたが、不明のまま経過したところ、昭和三一年度には急激に増加して三〇名を突破するに至り、しかも本症が集団的に一地区（月浦、湯堂）に多発する状況に鑑み、至急調査する必要にせまられた」

「本症は老幼を問はず侵し、一般に貧家に多く、しかも家族発生が濃厚であることが認められ、その予後も略々《ほぼ》40％に近い死亡率があるらしく、又良好な経過のものも後遺症を残し極めて憂慮すべき疾患であることがわかって来た」

尾崎正道《おざきまさみち》医学部長名の「緒言」は、奇病の発生状況を淡々と描き出している。

続けて各担当教授が「原因不明の中枢神経系疾患」について報告した。それによると、当初疑われた伝染性の疾患ではなく、症状から重金属中毒の疑いがあるとされた。同時に魚介類の多量摂取が原因である可能性が指摘され、この時点ですでに汚染源としてチッソ水俣工場の工場排水に目が向けられている。公式確認から半年でここまでたどり着いた。

しかし、組織の論理が……

原因究明の初期の体制は、汚染源として疑われるチッソ側から工場付属病院の院長が加わり、熊本大学の研究者が少し距離を置いて連携する寄り合い所帯だった。細川院長が残した「細川ノート」の一九五七（昭和三十二）年一月七日のページに、熊本大学研究班メンバーからの手紙が貼りつけてあった。手紙は、大学での原因究明の進捗状況を伝えた後、「右の実験結果はまだ尾崎部長も御存じなく、又尾崎先生は先生をどうしても工場側に立つ立場であると誤解しておられますので、こちらから申上げる実験結果は何卒御内密にお願いします」の一文を書き添えている。尾崎部長は、医学部長で研究班の班長。研究班メンバーは、細川院長にたいする尾崎部長の疑念を知りながら、それでも情報を共有しようとしている。手紙には、所属や立場のちがいを越えて原因を究明しようとする思いとお互いへの信頼感があらわれている。

しかし、奇病の全体像がおぼろげながら明らかになり、チッソ水俣工場の工場排水にたいする疑いが濃くなるに連れて、チッソの立ち位置は変わる。企業防衛が前面に出る状況ではそれが顕著だった。言うまでもなく、組織のなかの人間は全員が同じ方向を向いているわけではない。善意の人間が所属している組織であっても、悪意を宿せるのが組織の常でもある。企業防衛あるいは国の繁栄といった異論を唱えにくい目標は、真に守るべきものを二の次にし、人の情を押しつぶし、あらゆる手段を正当化する。チッソ社内に限らず、国や県も含めてそうした正当化が狭い視野のままおこなわれた結果が、水俣病の悲劇であったともいえる。

2 被害の拡大

個人、企業、役所、そして国家

水俣病の被害はなぜ拡大してしまったのか。いくつかの要因がある。

環境庁（現環境省）国立水俣病総合研究センターがまとめた報告書「水俣病の悲劇を繰り返さないために」はこう指摘している。

「アセトアルデヒド・酢酸の合成が始まると、（工場排水に）多種多量の化学物質が含まれるようになった。その中には水俣病の原因となったメチル水銀化合物だけでなく、重金属など多様な有害物質が含まれ、危険性は格段に高くなっていた。しかし、水俣工場側には排水による工場外の汚染の危険性に対する認識はなく、環境汚染の防止を目的とする排水処理施設は設置されていなかった」

環境庁が「水俣工場側には排水による工場外の汚染の危険性に対する認識はなく」と書かざる

をえなかった事実は重い。そこにあるのは、単なるチッソの認識不足ではなく、指導監督にあたった通産省の対応であり、重工業の育成を優先課題とする戦後日本の国の姿でもある。

二〇一八年の仏カンヌ国際映画祭で最高賞の「パルム・ドール」を受賞した映画監督、是枝裕《これえだひろ》和《かず》氏は監督デビュー前、テレビ番組の制作に携わっていた。その第一作が、厚生省から環境庁に出向し、自然保護局長、企画調整局長を歴任した高級官僚の自死とその背景を追ったドキュメンタリー『しかし…福祉切り捨ての時代に』（一九九一年）だった。亡くなったのは山内豊徳《やまのうちとよのり》氏で、九〇年十二月五日の昼過ぎ、自宅で縊死しているのを妻が見つけた。享年五十三。水俣病東京訴訟で東京地裁が和解勧告を出し、被告の熊本県とチッソは受け入れる考えを示したものの、国はこれを拒否。山内氏は和解拒否の立場を説明する国側の責任者として批判の矢面に立ちながら、担当局長として公害健康被害補償制度の適用による救済を模索し、「多額の補償金」を嫌う大蔵省（現財務省）出身幹部との綱引きを続けていた。

番組の取材をもとにまとめたノンフィクション作品『雲は答えなかった』の「文庫版のためのあとがき」で是枝氏は、

「番組を完成し、ノンフィクションを書き上げたあともずっと考えていたのは、山内豊徳という人間は、加害者だったのだろうか、被害者だったのだろうか、というひとつの問いについてだった。福祉にとっての理想主義が経済優先の現実主義に圧倒されていく、その下降線の時代を山内さんは必死で生きようとしたのだと思う。高級官僚としてその下降に立ち会ったという責任においては彼はやはり加害者側の人間だったと言わざるを得ないし、又同時に時代の被害者だったとも言えるような気がする」

と書く。心ある人が「なにかできないか」と悩みながら加害者側にいる。それがこの国と私たちの現実であり、巨大化した公害問題の痛ましい一面といえる。

みずからの尊大さによって

水俣市漁業協同組合が水俣病の公式確認から八ヵ月後の一九五七（昭和三十二）年一月十七日、チッソ水俣工場の工場長あてに出した「要望書」がある。

「拝啓　貴社益々御清栄の段賀し奉ります」と書き出す要望書は、水俣湾の沿岸海域がいかに優れた漁場であったかを誇らしく述べた後、

「然るに昭和二十九年秋頃から魚類の回游は減少し介藻《かいそう》類の繁殖は止り昭和三十年以降に至っては其の損害は特に甚だしく海藻類は斃死《へいし》し魚類の回游も亦《また》激減して、この優秀な漁場を唯一の生活源として来た漁民は其の生活の根拠を失ふに至り、事漸《ことようや》く重大な社会問題化する段階に立ち至りました」

と窮状を訴えている。要望事項は二つ。

一、現在貴工場から流出する汚悪水の海面への流出を直ちに中止すること。

二、尓今《じこん》（爾今）汚悪水を海面へ流出するについては浄化装置を設置して浄化の上無害を立

証されたものとすること。

しかし、工場側はこれを黙殺する。水俣市漁協は一ヵ月後の二月二十日、まったく同じ項目をこんどは「要求書」とし、代表が工場を訪ねて手渡している。末尾に書き添えた一文、

「若《も》し万一右期日迄に御回答無之《これなき》ときは貴社に誠意無きものと認め止むを得ず実力を行使しても一応本組合所有海面への汚悪水の流出を阻止致す覚悟でおりますので為念《ねんのため》申添えます」

に漁民の苛立ちと怒りがあらわれている。

だが、対する工場長名での「回答書」は、木で鼻をくくった書きぶりだった。

「昭和二八―二九年頃から漁獲の減少が著しいとの御申出がありましたので改めて過去に於ける当場の排水分析の結果を検討しました処《ところ》昭和二三―二四年頃と今日と何等変更は見られないのでありまして、茲《ここ》数年来漁獲が急激に減少したとすれば、その原因は何であるか、甚《はなは》だ疑問に存じ工場としても目下懸命に研究調査中であります」

工場排水を止めることなど検討もしていないようすが見て取れる。

まったくの仮定の話ではあるが、仮に工場側がこの時点で謙虚に工場排水に目を向け、あらゆる可能性を踏まえて奇病との関連を調べはじめていたならば、もっと早く原因に行き着いた可能性がある。チッソは被害の拡大を未然に防げたかもしれない最初の機会を、みずからの尊大さによって失ったといえる。

食品衛生法の適用をめぐって

食品衛生法の適用をめぐる厚生省の判断も致命的だった。水俣の奇病は水俣湾産の魚介類による食中毒事件と考えた熊本県は一九五七（昭和三十二）年八月、食品衛生法による販売禁止の措置について「念のため」厚生省に照会。「適用は不可」との回答が示されたのだった。

この間の経緯を、水俣保健所長だった伊藤蓮雄氏が水俣病第三次訴訟の証人尋問で証言している。第三次訴訟は水俣病未認定患者と遺族ら八十五人が国、県、チッソにたいし国家賠償法などにもとづいて総額約十三億七千万円の損害賠償を求めた裁判で、一九八〇年五月二十一日、熊本地裁に訴状が提出された。

①水俣病が発生・拡大しているのに、水俣湾産の魚の漁獲・販売禁止の法律上の規制措置をとらなかった。

②チッソ水俣工場から排出される排水を規制しなかった。

——など国の規制権限の不行使を前面に据え、当時の厚生省、農林水産省、通産省、経済企画庁、内閣、熊本県などの不作為の違法性を問う裁判だった。

証人尋問で伊藤氏は「水俣病の続発を食い止めるには食品衛生法を適用して、魚介類の販売を停止させるしかないと思った。副知事室で食品衛生法上の関係の打ち合わせがあり、そこで食品衛生法の適用が決まった。そして、厚生省に照会すると、水俣湾の魚がすべて有毒化しているかどうか分からないと、食品衛生法の適用にストップをかけられた」と証言し、県と国の判断が分かれた内情を明かしている。

厚生省公衆衛生局長から熊本県知事にあてた公文書（五七年九月十一日付）が残っている。そのなかで公衆衛生局長は「水俣湾内特定地域の魚介類を摂食することは、原因不明の中枢神経系疾患を発生する虞《おそれ》があるので、今后《こんご》とも摂食されないよう指導されたい」と要請。続けて「然《しか》し、水俣湾内特定地域の魚介類のすべてが有毒化しているという明らかな根拠が認められないので、該《がい》特定地域にて漁獲された魚介類のすべてに対し食品衛生法第四条第二号を適用することは出来ないものと考える」と述べ、慎重な姿勢を示している。

当時の食品衛生法第四条第二号は「有毒な、又は有害な物質が含まれ、又は附着しているもの」について「これを販売し、又は販売の用に供するために、採取し、製造し、輸入し、加工し、使用し、調理し、貯蔵し、若しくは陳列してはならない」と定めていた。厚生省は文書の前半で「原因不明の中枢神経系疾患を発生する虞がある」と認めながら、それでも食品衛生法は適用できないと結論づけた。行政判断として明らかに混乱している。

水俣病については、水俣湾の魚介類を「原因食品」とした発症とほぼ確定しており、「原因物質」は未確定であるものの、「原因不明」ではない。しかも、食品衛生法は緊急の事態に迅速に対応するためにつくられた法律であって、「すべての原因食品の有毒化の証明」を求めてはいない。ある料理屋が届けた仕出し弁当を食べた人たちが食中毒にかかったとして、料理屋の弁当すべてが有毒であるかどうか明確でないから営業停止にできない、と言っているに等しい回答だった。説得力がまったくない回答にもかかわらず、熊本県は従った。

奇病が確認されて一年あまりのこの時点で、通常の食中毒事件と同じように販売禁止の措置をとっていれば、被害のそれ以上の拡大は防げた。人類史上例がない規模の食中毒事件にしてしまった大きな原因のひとつがここにある。

排水路変更

チッソ水俣工場の排水路変更も取り返しのつかない誤りだった。

一九五八（昭和三十三）年八月、水俣市茂道《もどう》で新たな患者が発生し、地域社会に大きな衝撃を与えた。新患者発生で動揺したのは、その一ヵ月前に厚生省から奇病との関連で名指しされたばかりのチッソ水俣工場も同じだった。

水俣工場は驚くべき行動に出た。それまで工場の南の水俣湾百間港《ひやつけん》に設けていた排水路を、ひそかに工場の北側、水俣川に面した「八幡《はちまん》プール」に移したのだった。八幡プールは海岸を埋め立てて造ったカーバイド残渣《ざんさ》の捨て場であり、排水は八幡プールの底から浸透して海に出ていく構造になっていた。固形物は取り除けても、水に溶けた物質は除去できない。それがわかっていて排水路を変更したのは、水俣川の豊富な水量によって廃水を不知火海に拡散させ薄めようとする目論見だった。

付属病院の院長を退いた後も病院に残って研究を続けていた細川医師は、水俣川の河口付近で患者が発生すれば工場廃水が奇病の原因であると証明することにもなるとの言いかたで、工場幹部に排水路変更を思いとどまるよう進言したとされる。だが、工場は主力製品だったアセトアルデヒドの増産をめざしており、地元住民との軋轢《あつれき》の種はなくしておきたかった。排水路の変更は計画どおり五八年九月にひそかに実施された。

工場の幹部は、工場廃水は奇病と無関係であると主張しつつ、万が一、工場廃水に含まれるなんらかの物質が奇病の原因であった場合に備え、海に流して希釈《きしやく》し、無害化しようと考えたとみられる。そうしておけば操業停止に追いこまれずにすむ。しかし、その安易で姑息《こそく》な発想が、不知火海一帯の広範な汚染につながり、数万人に及ぶ深刻な健康被害をもたらす悲惨な事態を招いた。翌五九年三月には水俣川河口付近で新たな患者が発生し、その後も河口の周辺などで患者の発生が相次いだ。また、工場北側の津奈木町《つなぎまち》や湯浦町《ゆのうらまち》(現芦北町《あしきたまち》)、さらには不知火海をはさんだ対岸の天草でも多数のネコの発症が報告されるに至った。

なぜ急に患者の発生地域が広がったのか。県が発生地域拡大の理由を知るきっかけとなったのは、水俣川河口の漁場調査に出た県水産試験場技師の聞き取りだった。五九年六月二十二日付の「復命書」が残っている。話を聞いたのは地元・水俣市漁協の参事。そこでは、

「本年春先より水俣川河口付近に魚類がふらふらして遊泳、斃死に至る現象が甚しくなった。魚類としてはボラ、スズキ、チヌ、コチ等でふらふらしているため容易に採捕しやすく砂利採取人夫が金網で掬《すく》って食用に供したため、水俣病らしい症状が出ている」

「原因としては工場廃水に由来するものと考えられ、工場廃水の流入状況については一昨年七月頃から新たに水俣川河口付近に流しているらしく干潟に廃水の流出した形跡がみられる」

などの証言を報告している。同行した県衛生部の技師も、

「日窒（新日本窒素肥料）では昨年より（排水口を）きりかえた。工場の周囲の人がさわいだので百間にはながしていない」

「日窒職工は自分の子供は絶対八幡の方で泳ぐなといっている」

などの証言を列挙している。

通産省は五九年十月、チッソ本社にたいして口頭で、八幡プールからの排水を即時中止して百間港に戻す、排水浄化装置を年内に完成させる、の二点を指示。水俣工場は間もなく排水路を元の百間港に戻した。だが、一年あまりの排水路変更がもたらした被害は人智をはるかに超える広がりになった。どれだけ悔いても、どれだけ反省しても取り返しがつかない、最大の人為的ミスといえる。

通産省

この時期の通産大臣は、一九五五（昭和三十）年十一月の保守合同で誕生した自由民主党内にあって、非主流ながら次の総理の座を狙う池田《いけだ》勇人《はやと》氏だった。政治状況は、新しい日米安全保障条約の締結をめぐって「六〇年安保闘争」の動きが出はじめ、緊張が高まりつつあった。そうし

たなか、池田氏は積極財政による「月給倍増論」（のちに「国民所得倍増計画」となる）を打ち出し、「次」をにらんでいる。所得倍増の骨子となる施策のひとつが重化学工業を育てる産業構造の高度化だった。

厚生省食品衛生調査会の水俣食中毒特別部会が原因物質を「ある種の有機水銀化合物」と答申したのは五九年十一月十二日。だが、チッソ水俣工場の排水を汚染源とする見かたに通産省が激しく反発した。「この種の化学工場は内外でたくさん実在している。チッソが元凶であれば、現在までに同じような病気が出ているはずである。有機水銀中毒というが、製造工程で触媒として使っているのは無機水銀であり、この無機がどのようにして有機化するか、その過程は明らかでない。説明は納得できない」などの反論がなされた。工場内のアセトアルデヒド製造工程で有機水銀が副生されている事実はこの時点でまだ確認されていない。それだけに、通産省も強硬だった。

渡邊良夫《わたなべよしお》厚生相は翌十三日の閣議に食品衛生調査会答申を報告した。しかし、池田通産相が「有機水銀が工場から流出したとの結論は早計だ」と反論。閣議の了解とはならなかった。そして、厚生省の水俣食中毒部会は答申の日をもって突然「解散」となる。五八年八月に厚生省が設けた水俣奇病対策連絡協議会と地元に置いた水俣奇病綜合研究連絡協議会も十一月十八日、「発展的に解消」とされた。水俣病を産業政策上、経済政策上の「問題」とみなす国が、本腰を入れて封じこめに動いたことがわかる。

3　謝罪と救済

塩化メチル水銀

熊本大学医学部研究班が原因物質をメチル水銀化合物と特定するまでに水俣病の公式確認から四年半を要した。では、そのメチル水銀化合物はどこから来たのか。チッソ工場の廃水とどう関係するのか。解明したのが入鹿山《いるかやま》且朗《かつろう》教授ら衛生学教室のメンバーだった。

水俣工場のアセトアルデヒド工程にある酢酸工場の反応管から直接採取した水銀かすが保存してあると思い出したのが始まりだった。『日新医学』第四九巻第八号（一九六二年八月）に掲載された研究報告「水俣酢酸工場水銀滓中の有機水銀」の「まえがき」で入鹿山氏は「今日ようやく酢酸工場水銀滓より水俣病と関係があると考えられる有機水銀を抽出し得たのでその結果を報告する」と淡々と書いている。

抽出されたのは塩化メチル水銀（CH_3HgCl）の結晶。入鹿山氏は「考察」として「水俣病発生の時期と水俣工場におけるアセトアルデヒドの生産量の急激な増加の時期とがほぼ一致していることも、水俣病が酢酸工場廃棄物と密接な関係があることを疑わしめる」と書き添えている。

入鹿山氏が研究の結果をおおやけの場で発表したのは翌六三（昭和三十八）年二月十六日。十七日付の熊本日日新聞朝刊は、

「熊大研究班　水俣病の原因で発表　〝製造工程中に有機化　入鹿山教授有害物質を検出〟」

と大々的に報じた。

「入鹿山教授の発表は、さらに従来あいまいとされていた水銀の有機化の問題をつき、直接的原因となった有害物質（有機水銀）が作られるのは工場の製造工程中であるということを明らかにした」

「世良完介班長（熊大名誉教授）は〝もはや水俣病の直接的原因が新日窒工場の排液にあることは疑う余地のないことである。全責任は工場にあると思う〟と語った」

「これまで研究班の多くは、水銀は海の中でプランクトンの作用や魚貝類体内の作用で有機化するのではないかとの考えをとり、この点のあいまいさに工場側ははげしく反撃していたが、同教授の研究により、有害物質はすでに工場の製造工程の中でできていたことが明らかにされたわけである」

と記事は伝えている。末尾には「なお新日窒工場側は、この問題に関して全く言明をさけている」とある。

「知らないことにする」態度

チッソは反応できなかったのではない。彼らは反応することを避けた。彼らは、触媒として使う無機水銀が工場内で有機化し、メチル水銀化合物ができることをすでに知っており、その事実を隠していたからだ。チッソ社史『風雪の百年』に興味深い記述がある。

「技術部の若手の技術者が1961年1月ごろからアセトアルデヒド設備の排水を精査した結果、同年7月ごろにアルキル水銀らしきものを認め、さらにその物質の構造式を定める努力をつづけ、62年6月にいたってメチル水銀化合物であるという結論に達した」

雅子妃の祖父、江頭豊氏が日本興業銀行から転身し、チッソの専務として着任したのは六二年五月。工場排水が水俣病の発生原因とわかる直前だった。経営陣が排水中のメチル水銀確認の事実を知っていたのかどうか、社史は言及していない。メチル水銀の確認にどんな意味があるのかなど、なんの説明も加えずに事実だけを記している。

仮に、その事実を確認時点で公表していたら、あるいは「アルキル水銀らしきもの」の検出時点で熊本大学に伝えていたら、原因物質特定までの時間が大幅に短縮できた。だが、チッソが選んだのは「知らないことにする」態度だった。メチル水銀が流れ出ていることを承知で操業を続けた。それは江頭氏が社長になっても変わらなかった。企業の社会的責任についての認識を欠き、人命よりも操業を優先させたことについて、社史に反省のことばはない。

郵便はがき

112-8731

料金受取人払郵便

小石川局承認

1847

差出有効期間
平成32年3月
31日まで

〈受取人〉
東京都文京区
音羽二—一二—二一

㈱講談社
文芸第一出版部 行

ご購読ありがとうございます。今後の出版企画の参考にさせていただくため、アンケートにご協力いただければ幸いです。

お名前

ご住所

電話番号

このアンケートのお答えを、小社の広告などに用いさせていただく場合がありますが、よろしいでしょうか？　いずれかに○をおつけください。

【 YES　NO　匿名ならYES 】

＊ご記入いただいた個人情報は、上記の目的以外には使用いたしません。

TY 000072-1711

書名

Q1. この本が刊行されたことをなにで知りましたか。

1. 書店で本をみて　2. 書店店頭の宣伝物
3. 本にはさまれた新刊案内チラシ　4. 人に聞いた(口コミ)
5. ネット書店(具体的に：　)
6. ネット書店以外のＨＰやメルマガ(具体的に：　)
7. ＳＮＳ(具体的に：　)
8. 新聞や雑誌の書評や記事(具体的に：　)
9. 新聞広告(具体的に：　)
10. 電車の中吊り、駅貼り広告
11. テレビで観た(具体的に：　)
12. ラジオで聴いた(具体的に：　)
13. その他(　)

Q2. どこで購入されましたか。

1. 書店(具体的に：　)
2. ネット書店(具体的に：　)

Q3. 購入された動機を教えてください。

1. 好きな著者だった　2. 気になるタイトルだった　3. 好きな装丁だった　4. 気になるテーマだった　5. 売れてそうだった・話題になっていた　6. 内容を読んだら面白そうだった　7. その他(　)

■この本のご感想、著者へのメッセージなどをご自由にお書きください。

ご職業　性別　年齢
男・女　10代・20代・30代・40代・50代・60代・70代〜

江頭氏、チッソ入り

江頭氏がチッソの副社長になるのは着任から二年後の一九六四（昭和三十九）年五月二十九日。この年の十一月二十八日の取締役会で吉岡喜一《よしおかきいち》社長が「水俣病の責任を取る」として退任し、その後任として十二月一日付で江頭氏が社長に選任された。

六〇年代前半のチッソは千葉県市原市で五井《ごい》工場の建設に着手するなど、遅ればせながら電気化学から石油化学への転換を進めている。しかし、水俣工場での深刻な労働争議が六二年四月から六三年一月まで続き、その間の生産停止の影響も加わって業績が悪化。六二年度の当期損益は一億円近い赤字となった。チッソの大株主でもある興銀の意向を背に乗りこんだ江頭氏に期待されたのは、業績の回復であり、経営の舵取りだった。

この時期の水俣病をめぐる状況はどうなっていたか。水俣に寄り添いつづけた医師、原田正純《はらだまさずみ》氏は『水俣病』（岩波新書、一九七二年刊）で書いている。

「昭和三十四年十月、水俣病の原因はメチル水銀中毒であることが公的に確認され、同年十二月、見舞金契約が結ばれ、翌三十五年にメチル水銀が魚貝類から確認された。これで水俣病問題は決着した、いや、少なくとも一般にはそう受けとめられたのである」

「臨床的にも、水俣病患者はもう発生していないと考えられた」

散発的な患者の発生から劇症型の多発と公式確認、原因究明の模索と続く五〇年代後半が過ぎ、水俣病問題は患者救済と企業責任追及を軸にした激しい社会運動の七〇年代へと向かう。そのはざまで、表面的に無風の時期を選んだ社長交代といえる。

原田氏が言う「見舞金契約」とは、被害の補償を求める水俣病患者家庭互助会と、工場に発生責任はないとするチッソが五九年の十二月三十日に結んだ契約で、チッソ側が死者に三十万円の弔慰金など、生存患者には成年に年額十万円、未成年に同三万円の年金を支払うなどの内容だった。契約に盛りこまれた「乙（患者側）は将来水俣病が甲（新日本窒素肥料株式会社）の工場排水に起因することが決定した場合においても新たな補償金の要求は一切行わないものとする」との条項が、チッソ側の強硬な姿勢を象徴している。

この契約については七三年三月、熊本水俣病第一次訴訟の判決で熊本地裁が「被害者である患者ないしはその近親者の無知と経済的窮迫状態に乗じて、生命・身体の侵害に対する補償額としては極端に低額の見舞金を支払い、その代わりに損害賠償請求権を一切放棄させるものである」と指摘し、公序良俗に反し無効との判断を示した。チッソは控訴せず、患者側勝訴の判決は確定した。だが、チッソは見舞金契約の扱いについて考えを変えず、その後の補償交渉にあたって長く患者側に不利な材料となった。

「駆け足謝罪」と「脅し」

江頭氏が水俣の患者の前に姿を見せるのは、一九六八（昭和四十三）年九月。厚生省が「水俣病の原因物質はチッソ水俣工場内のアセトアルデヒド酢酸設備内で生成されたメチル水銀化合物」と公害認定する公式見解を発表したのを受けての謝罪訪問だった。九月二十八日の熊本日日新聞夕刊は「チッソ社長、患者宅へ」「深々と頭下げて　水俣病　初のお詫び回り」の見出しを掲げ、「二十七日夜水俣市に着いた江頭チッソ社長は二十八日午前九時から水俣病患者やその家庭を慰問、おわびのことばを述べて回った。水俣病が発生していらい十五年の間、社長が患者のところに足を運んだのはこれが初めて」と伝えている。副社長、水俣支社長ら五人を従え、黒塗りの車を連ね、実質一日半の日程で八十九世帯をまわる「駆け足謝罪」だった。

最初に訪ねた水俣病患者家庭互助会の会長宅で江頭氏は、

「長い間ご迷惑をかけたことを深くおわびします。わたしたちは政府の見解にしたがって誠意を尽くし、できる限りのことをしたいと思っておりますので、こんごともよろしくお願いします」

と述べて頭を下げたと熊本日日新聞は書いている。

江頭氏は真摯《しんし》に詫びているように聞こえる。だが、謝罪を受ける患者や家族は江頭氏のことばを素直に聞くことはできなかった。厚生省が政府見解を発表した二十六日、東京・丸の内の本社で記者会見した江頭氏は、「今後、患者と遺族に対する補償額の増額を早急に検討し、十月中にも互助会と話し合いをしたい」と述べたうえで、

「しかし水俣病に対する公害認定とからみ地元側が補償問題で騒いだり、また労組側が長期ストを実施することにでもなれば、（略）つまり組合側や地元が会社側に協力してもらえない事態になれば現在の水俣工場の大幅縮小もありうるということだ」

とクギを刺したのだった。謝罪の場での企業側の論理を露わにした発言。地元経済がチッソ工場に依存している現状を十分に承知したうえでの「脅し」といえた。

ようもようも……

作家石牟礼道子《いしむれみちこ》氏は『苦海浄土《くがいじょうど》』に江頭氏の謝罪行脚の場面を登場させている。早くに水俣病で両親を亡くし、水俣病に苦しむ弟と暮らす姉に語らせたことば。

「今日はあやまりにきてくれなったげなですな。

あやまるちゅうその口であんたたち、会社ばよそに持ってゆくちゅうたげな。今すぐたったいま、持っていってもらいまっしゅ。ようもようも、水俣の人間にこの上威《おど》しを嚙ませなはりました。あのよな恐ろしか人間殺す毒ば作りだす機械全部、水銀も全部、針金ひとすじ釘一本、水俣に残らんごと、地《じだ》ながら持っていってもらいまっしょ。東京あたりにでも大阪あたりにでも」

ほとばしるような激烈なことばに石牟礼氏の思いがあふれている。

政府の公式見解が出るまでのあいだに、新潟で「第二水俣病」が発生したことは忘れてはならない。昭和電工鹿瀬《かのせ》工場のメチル水銀化合物を含んだ廃液が阿賀野《あがの》川に流れこみ、下流で水俣病と同じ症状の患者が出た。

最初の患者の確認は一九六五（昭和四十）年一月。チッソ水俣工場が起こした水俣病と同じ構図だった。熊本大学の研究班は六三年二月に「アセトアルデヒド製造工程中でメチル水銀化合物が生成」との結論を出しており、その時点で国が国内同種工場の調査をして対策を講じていれば、新潟での被害は相当程度、防ぎえたといえる。

昭和電工鹿瀬工場がアセトアルデヒドの生産を停止したのは六五年一月。チッソ水俣工場が事業としての役割を終えたアセトアルデヒド製造工程を停止したのは六八年五月。国の公式見解は国内の同種工場がすべて操業を停止したのを見届けるようにして発表された。

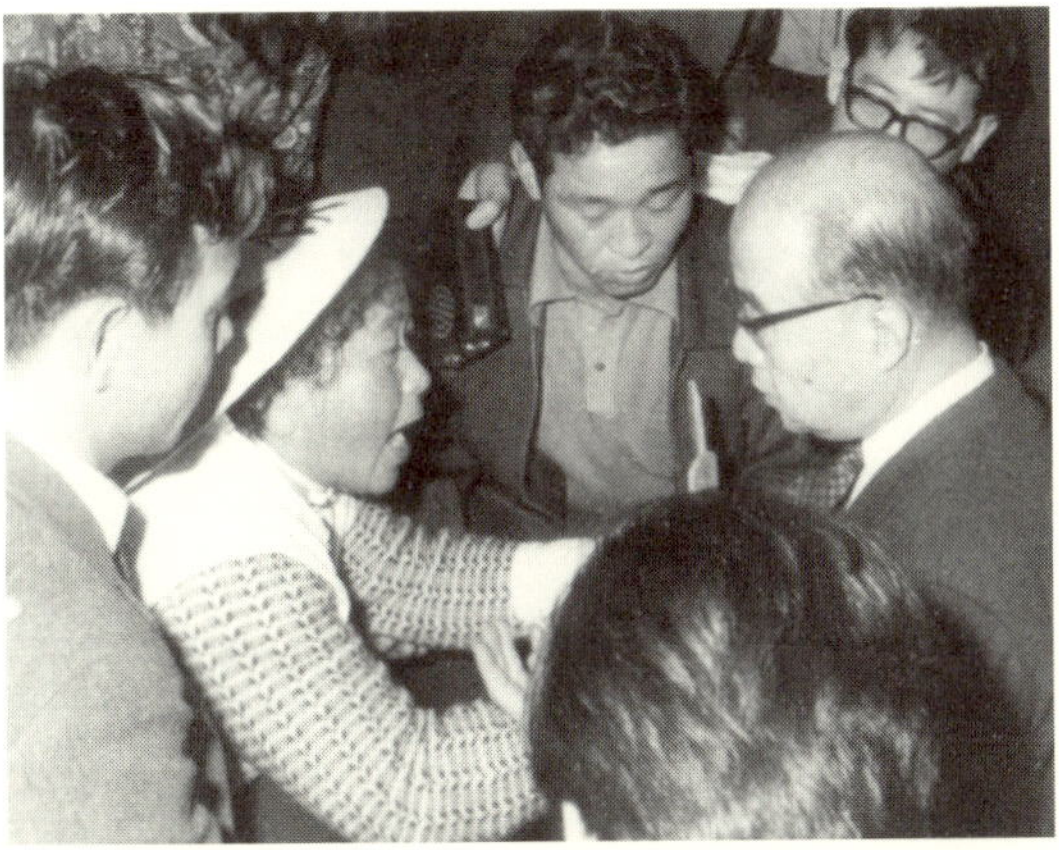
大阪の厚生年金会館で開かれたチッソの株主総会で、江頭豊社長（右）に詰め寄る水俣病患者の家族たち。（1970年11月28日／共同通信）

定時株主総会

製造工程の停止と国の見解発表を経て、七〇年代は患者＝被害者の救済がもっとも重要なテーマとなった。だが、企業と国の責任を問う裁判が起こされ、患者支援の運動が盛り上がるに連れて、チッソは企業防衛の姿勢を強めていく。患者側の「一株株主」運動によって、定時株主総会が江頭氏と患者とが相対する場となる。

一九七〇（昭和四十五）年十一月二十八日の朝日新聞夕刊は一面に「チッソ総会荒れる　患者ら

壇上すわり込み」の記事、社会面に「水俣病患者ら社長包囲　土下座でわび状読ます」の記事を掲載している。

「一株株主らが壇上にすわり込んで抗議するなかに、江頭社長がひっぱり出され、患者らは、位はいなどをつきつけ、謝罪を要求。江頭社長はついにステージの床に正座し、つきつけられたマイクに向って『責任は回避しない』『工場閉鎖は考えない』と答え、とくに用意したわび状も読上げた」

チッソ側は会場の入り口付近を四十～五十人の社員やガードマンで固めていたが、場内の動きは虚を突かれたかたちだった。

そして、第二幕。七一年五月二十六日の定時株主総会はチッソ側が社員株主四百～五百人を動員し、前夜から会場前に並ばせる態勢で臨んだ。大阪府警が総会前夜、チッソにたいし「自主警備が行き過ぎないように」と警告する異例の事態となった。当日の模様を朝日新聞夕刊は一面で「チッソ総会　怒号の中12分で閉会　水俣病追及を肩すかし」と伝えた。この日の総会には胎児性水俣病患者の坂本しのぶさん（一四）、チッソ付属病院への入院が水俣病の公式確認につながった田中実子さん（一八）も株主として会場入りした。だが、江頭氏をはじめ、会社幹部が対面することはなかった。

総会後、江頭氏は記者会見に臨んだ。「記者会見も高姿勢　チッソの江頭社長　過剰警備と思わぬ『総会は成立』とニヤリ」と二十七日の朝日新聞は報じた。会見でのやりとり。

「――大阪府警が前日、会社側に過剰警備をしないよう、と異例の通告をしていたが」

「そのような通告は、わたしは聞いていない（そうだ、と付添う会社幹部四人がうなずく）。総会後もあれが過剰警備だったとは思っていません（声を高める）」

「――患者さんの怨念（おんねん）やうらみをあなたは個人的にどう思うか」

「オンネンがどうこういうのは、それはウラナイとか宗教的な発想から出ているのではないか。それがどうこういうつもりはないが、企業のイメージに悪い影響を与えているのは感じている」

居丈高で、記者を見下す姿勢が垣間見える。

ずらされた論点、残された割り切れなさ

江頭氏は社長としてなにを守ろうとしたのだろう。

一九七一（昭和四十六）年五月の株主総会から二ヵ月後の七月二十七日、江頭氏は社長の座を降り、会長となって水俣病事件の表舞台から去った。

約六年八ヵ月の社長在任中に江頭氏は、通産省の方針に沿って電気化学から石油化学への転換を進め、役割を終えた水俣工場のアセトアルデヒド製造装置を停止させた。逆に言えば社長として三年六ヵ月の間はメチル水銀を流出させた。政府の公害認定を受けて患者宅を謝罪してまわる一方、患者らの提訴後は企業防衛のための論を頑なに言い募り、救済策を確定させる前に会長職へと退いた。どこまでが自分の信念にもとづく行動だったのか。その姿は、大きな意思に従って動く将棋の駒をほうふつとさせる。

皇太子のお妃選びに当たって宮内庁は当初、水俣病患者の被害感情を重視した。「ムシロ旗が立つ」との言いかたが交際を断つ理屈になった。そして、雅子さんの復活に際しもち出したのは、「刑事責任を問われるような事実はない」との実体論だった。被害感情論を否定したわけではなく、論点をずらした。

「一年以内に決めなければならない」との切羽詰まった思いが生んだ、候補として容認するための理屈ともいえる。もちろんそれは、実体を踏まえれば妥当な判断といえる。しかし、「問題がある」とした評価を覆す論拠を探さず、「問題はない」との評価に転じてすませたことが、割り切れなさとして残った。そのために小和田家周辺の「いわれのない批判を受けた」との鬱屈は消えず、のちに雅子さんの皇室入りが名誉回復につながるとの思いを生むことになる。

インテルメッツオ　十二単とドレス

雨の朝の十三分

皇居・宮中三殿は雨が似合う。一九九三（平成五）年六月九日、皇太子と小和田雅子さんの「結婚の儀」当日。東京は雨の朝を迎えた。

六月の雨はやさしく木立を洗う。樹々の緑が生き生きとしてくる。皇居内にあって、吹上《ふきあげ》の森の一角に位置する宮中三殿《さんでん》（皇居にある賢所《かしこどころ》、皇霊殿《こうれいでん》、神殿の総称）も雨に洗われ、心なしかやわらかな表情になる。そんな中で、結婚の儀は始まった。

午前十時すぎ、前触れはない。皇太子がゆっくりと賢所に続く回廊を進んでくる。皇室祭祀を司《つかさど》る掌典長《しょうてんちょう》が先導している。皇太子は明け方の太陽の色とされる黄丹《おうに》の袍《ほう》をまとい、垂纓《すいえい》の冠、右手に笏《しゃく》の衣冠《いかん》姿。左手は軽く握って左腰の前に置いている。さすがに伝統の装束を着慣れた感がある。間をおいて回廊に進み出た雅子さんは、大垂髪《おすべらかし》の髪に十二単《じゅうにひとえ》が重々しい。檜扇《ひおうぎ》を捧げ持つ腕と肩がこわばっているように見える。その姿は、異世界への回廊を進むかのような緊張感にあふれていた。

宮中三殿の中央にある賢所は皇祖神の天照大神《あまてらすおおみかみ》を祀っている。儀式は賢所内陣《ないじん》に進んでの拝礼、皇太子の誓いのお告文《つげぶみ》奏上、玉串奉奠《たまぐしほうてん》の後、外陣《げじん》に移って神酒の杯に口をつけて終わる。この間、十三分。宮沢喜一首相以下の三権の長と秋篠宮夫妻、紀宮ら皇族のほか八百人あまりの参列者が見守るなかで、雅子さんが雅子妃になった。

参列者にとっては静かにすぎた十三分だった。だが、新婦にとっては午前六時半、家族に見送られて自宅を出た瞬間から始まる緊張の連続だったにちがいない。宮中三殿での儀式の支度は、神の領域に立ち入るための古代からの手続きといえる。雅子さんにとってそれは、理解を超える体験だったはずだ。

内掌典は語る

宮中三殿での祭祀に奉仕する女性たちは内掌典《ないしようてん》と呼ばれる。終戦直前の一九四三（昭和十八）年から五十七年間、住みこみで内掌典を務め、未婚のまま七十六歳で退いた髙谷朝子《たかやあさこ》氏が『宮中賢所物語《きゆうちゆうけんしよものがたり》』（ビジネス社）で神に仕える暮らしぶりやしきたりなどを伝えている。

髙谷氏によると、内掌典の朝は六時の起床で始まる。

「起床後ただちに仕舞所《しまいどこ》（お化粧の間）で、まずは水道の水で歯をみがき、口を清めた後、仕舞所外の廊下の御縁にある、廊下と同じ高さのお流しで、直径約四十センチのタライにお湯を七分目ほど入れます。御縁に半畳のござを敷き、その上に座して両手と肩肌を脱ぎ、両手、肘をタライにつけて顔、腕、衿《えり》回りを洗い清めます。タライをお湯殿棚に片づけ、鏡台の前に座し、仕舞を致し、髪を上げ整えます」

すべてが清くなければならないとの思想で成り立っている。

「その後、お湯殿にて潔斎。お湯殿には直径約八十センチの大ダライに八分目くらいお湯を入れてございます。座って下半身を清めて後、お掛かり桶のお湯を柄杓《ひしやく》で肩からかけて、身体全体を清めます。お湯をかかりましたら浴衣を着て水滴を拭います（浴衣はさらし木綿で、衿、袖が付いています）」

「お湯殿の衣桁《いこう》にかけておきました「長ひよ（長襦袢《ながじゅばん》）」と「短ひよ（短襦袢）」を重ねましたものを着て、「裾除け《すそよ》（腰巻）」と足袋を履き、手を水道で清めて着替の間に移動し、大清《おおきよ》の着物を着て、袴、衣を着用します」

最後に出てくる「大清」は、もっとも清い状態を意味する。上席の内掌典は毎朝、拝礼の準備のために賢所内陣に入る。これがそのための支度の流れだった。

「次」と「清」の世界

内掌典は「次《つぎ》」と「清《きよ》」の世界で生きている。「次」は清浄でないことを指す。足袋などの履物を扱ったとき、財布やお金に触れたとき、外から届いた郵便物を受け取ったときなど、すべて手が「次」になったと考える。

「次」に触れた手で別の物に触れると「清」と「次」が混じり合うことになる。そのため、「次」

に触れた手は間を置かず、水や「おしろもの」(塩)をかけて清めるという。清めるときに、「清」の水道栓に直接触れることはできない。

「清める時には次になりました手の平が触れることのないように握りこぶしにして手の甲で栓をひねって水を出します」

それが宮中三殿に仕える者の体に染みこんだ作法だった。

結婚の儀の朝、雅子さんも「次」「清」が支配する世界で身支度を整えた。慌ただしいなかで、どこまで説明があったかはわからない。言われるままに動きながら、雅子さんはなにを考えていたのか。国民の目に触れることがほとんどない皇室の「奥」の顔、あるいは皇室の素顔を初めて見た思いだったのではないだろうか。

葬送の音

私が皇室取材に携わった期間は昭和天皇の闘病から皇太子と雅子さんの結婚の儀までの約五年間。結果的に、天皇の代替わりにともなう大小さまざまな儀式、行事すべてにかかわることになった。政教分離の原則に則って天皇家の私費でおこなわれた儀式もあった。得がたい経験だった。

皇室の取材を通して、「核心に触れた」と思った儀式が二つある。

ひとつは昭和天皇の「大喪の礼」。一九八九年二月二十四日、冷たい雨が降る東京・新宿御苑でおこなわれた。強く印象に残ったのは音と空間による葬送の心象表現だった。

参列者が着席して待つうち、中央の通路を正面の葬場殿《そうじょうでん》に向かって昭和天皇の棺が進みはじめる。それが儀式の幕開けだった。棺は葱花輦《そうかれん》に載せられ、古代の装束を身につけた五十一人の皇宮護衛官が担いでいる。参列者の横を、黄と白の旛《ばん》を捧げた徒歩列が過ぎ、奏楽の音が過ぎ、後方遠くから空気の振動が伝わりはじめる。

空気の振動が聞こえるか聞こえないかの低い音になり、いつか「ザッザッザッザッ」という音の波になって高まってくる。近づくにつれ、それが葱花輦を運ぶ皇宮護衛官の小刻みに砂利を踏む音なのだとわかりはじめる。するとそれに「キシキシキシ」と輦の木組みがきしむ響きが加わる。砂利を踏む小刻みな音と輦のきしみが混然一体となって高まっていき、輦が参列者の横を過ぎると低くなっていく。

あたかも昭和天皇が遠い道をはるばるやってきて、葬場殿へと去っていったような心象が残った。これが亡き天皇を送るということなのだなとわかった気がした。

大嘗祭を経て変わるなにか

もうひとつは大嘗祭。その核心部分となる秘儀は一九九〇年十一月二十二日の夕方から二十三日の未明にかけて、皇居・東御苑に建てた大嘗宮《だいじょうきゅう》でおこなわれた。

宮内庁の公式説明によると「大嘗宮の儀」は「天皇陛下がご即位の後、大嘗宮の悠紀殿《ゆきでん》及び主《す》基殿《きでん》において初めて新穀を皇祖及び天神地祇《てんじんちぎ》に供えられ、自らも召し上がり、国家・国民のためにその安寧と五穀豊穣などを感謝し、祈念される儀式」となる。なお、悠紀殿は大嘗宮のうち東側に設けられた斎場、主基殿は悠紀殿と並んで西側に設けられた斎場である。

情緒も風情もない説明といえる。だが、実際に参列してみると、夜の闇のなかに白い装束の天皇が進み出る儀式は神秘的で、脂燭《しそく》の灯りの鈍いオレンジ色の揺らめきとともに荘厳な雰囲気に満ちている。ただ、強い印象として残ったのは場の雰囲気ではない。天皇という身位が何によって裏打ちされているのか。それを実感したことが大きかった。

大嘗宮の儀のうち、二十二日の夕方からおこなわれるのが「悠紀殿供饌《きょうせん》の儀」、二十三日の未明におこなわれるのが「主基殿供饌の儀」となる。

天皇が悠紀殿や主基殿に入ってしまうと動きはなにも見えない。「初めて新穀を供え、自らも召し上がる」と聞いていても、見えない場所での所作が延々と続く。参列者はただそこにいるだけ、になる。それゆえ、あらぬ妄想を招く。

悠紀殿、主基殿それぞれに「神座《しんざ》」が設けられる。重ね敷いた八重畳《やえだたみ》の上に布団（衾《ふすま》）をかけ、坂枕《さかまくら》と呼ばれる枕を置き、沓筥《くつばこ》を用意する。

「この神座は寝座とも記されて来たが、あくまでも神の座であり、これを天孫降臨神話の真床覆《まどこお》衾《ぶすま》と結びつけ、天皇がここに籠られるなどとの荒唐無稽も甚しい論を昭和大礼のあとなした者が（中略）出たが、論外であろう」

神道学者で宮内庁掌典職も務めた鎌田純一《かまたじゅんいち》氏が『即位禮・大嘗祭　平成大禮要話』（錦正社）で苛立ちをこめて書いている。掌典職の部屋へ行くと、いつも「なにが面白いんだ」と言わんばかりの難しい顔をして座っていた姿が目に浮かんでくる。

なかでなにがおこなわれているかわからないにしても、大嘗宮の儀はたしかに興味深い。だが、驚くようなできごとはまた別だ。それは、大嘗祭を経て天皇が「王の権威を身にまとった」別の天皇になったと感じたことだった。

憲法によってみずからを律する、理にかなった「象徴天皇」から、古代の天皇の霊威を取りこんだかのような奥深い人格の天皇へ。物腰や表情を見て感じる、「あ、変わった」という感覚が確かにあった。

それは天皇自身が内面で描く天皇像の変化であったようにも思える。では、なにによって変化したのか。悠紀殿で三時間、主基殿で三時間、ていねいに定められた所作を重ねる神事を経て、変わったとしか言いようがない。

パレードで初めて……

一九九三年六月九日の雅子妃に戻る。

宮中三殿での儀式を終えて雅子妃はなにを得たのだろう。十三分で終わるシンプルな儀式であり、これで結婚が成立したという感慨はなかったかもしれない。制度的に承認されたと頭でわかっていて、心のなかの喜びを表現すべき場がない。そんな状態だったのではないだろうか。

皇室のしきたりとして、天皇皇后は参列していない。参列した秋篠宮や紀宮と言葉を交わす場面もない。結婚の実感がもてずにいても不思議ではない。そうした感覚は、午後三時から皇居・宮殿松の間でおこなわれた天皇の国事行為、「朝見の儀」についても同じだったはずだ。

宮殿松の間は天皇による内閣総理大臣の親任式、国務大臣の認証官任命式など主要な儀式で使われる宮殿でも格式の高い部屋に当たる。正装で威儀を正し正面に立つ天皇皇后の前に進み出て結婚のお礼を述べ、席に着いて食事をともにする所作をする。無駄なく組み立てられた次第に沿って粛々と進行する儀式は、「妃」という立場の確認ではあっても、この家に嫁いだという実感を与える場とはなりにくい。「妃」の立場と「嫁」の立ち位置、その切り分けも判然としないなかで、雅子妃は儀式を無事に終えることに集中しているように見えた。

だからであろうか、皇居と宮殿での結婚当日の一連の日程を滞りなく終え、宮殿車寄せに出てきた雅子妃は驚くほど晴れやかだった。重圧の儀式がようやく無事に終わったという無邪気な解放感がその表情に出ていた。

そして、パレード。

皇居から住まいがある赤坂御用地まで、道のりにして四・二キロ、約三十分のパレードは、雅子妃にとって紛れもない「人生最良の瞬間」になった。

白いローブデコルテに白のジャケット、額に宝冠を載せた雅子妃は、うれしそうにオープンカーに乗り込んだ。前後一七〇メートルに及ぶ長い車列がゆっくりと皇居・正門を出る。雨上がりの皇居前広場を抜け、内堀通りを右折して赤坂に向かう。雅子妃ははじけるような笑顔で沿道の歓声に手を振りつづけた。

私は、雅子妃の心の底からの笑顔、どこにも陰りのない晴れやかそのものの笑顔をこの日以降、見たことがない。早朝から沿道に詰めかけた十九万千五百人（警視庁発表）の人たちに迎えられ、雅子妃はここで初めて、実感として「自分は皇太子妃になった」と思えたのではないだろうか。

森英恵と芦田淳

結婚の儀の何週間か前、私は皇室にゆかりのある二人のファッションデザイナーを訪ねた。雅子妃のローブデコルテなどをデザインした森英恵《もりはなえ》氏は、自分の仕事について多くを語ろうとしなかった。ドレスについての話が、急に直前のエジプト旅行の話になる。

「ラクダの座りかたって、知ってます？　私、知らなかった。後ろから見るとお嬢さん座りなんです。もう、おかしくって！」

無邪気な旅の話題は、「予備知識を持たずに、当日、作品を見て」と言っているようだった。

次に訪ねたのは、雅子妃のロイヤルブルーのイブニングドレスをデザインした芦田淳《あしだじゅん》氏。こちらは「宮中饗宴の儀」で使われた。芦田氏とは雅子妃の結婚についての話になった。優しい語り口をいまでも覚えている。

「皇太子妃になられても、妃殿下という名の堅苦しい洋服ばかりを着る必要はないんです。お似合いだった外務省時代の服をもっていって、着ていただきたい。じゅうぶん着られますよ」

皇太子妃として長い療養が続く状況を知るいま、発言は重みを増しているように感じる。発言は、雅子さんに向けた言葉であると同時に、迎える皇室の側にも向けられていたからだ。

雅子妃が外務省時代の服を着るためには皇室の側がそれを受け容れ、伝統や価値体系を一部、変える必要がある。

「小和田雅子さんという人を皇太子妃として迎えるのなら、その個性、人格も受け入れる必要があるんじゃありませんか?」

穏やかな物腰で、芦田氏はそう言っていたのではないかと、いまは思っている。

第五章

夫婦の絆

1　約束の重み

自己実現の道でもあった

報道自粛の成立が「持ち時間は一年」の時間制限となり、宮内庁も皇太子も追い詰められた。そこで決めたのが「これまでに会ったことがある人」を候補とする方針転換だった。それは、「三代にわたって汚点なし」などの厳しい条件によって一度は「ダメ」とした候補を復活させる方針転換であり、皇太子妃に万民の理想を投影する価値観を捨てることを意味した。表立って語られることのない、きわめて現実的な方針転換だった。

皇太子妃についての価値観は皇室観につながっている。お妃候補をめぐる方針転換によって、皇室はさまざまな事情を抱える生身の皇太子妃を容認した。その方針転換がのちに、皇室をめぐる冷えた論調につながる。昭和から平成へと代が替わってまだ間もない。新しい天皇像をはじめ、多くのものがまだ混沌としている。そんな時期だった。

そしてお妃選びが再始動する。「復活」した候補のなかから、皇太子自身が選んだのが雅子さんだった。「どうしても一年以内に決めなければならない」状況はよくわかっている。皇太子にとって雅子さんは、最初から懸命に説得すべき相手となった。と同時に、「結婚相手は自分で決めたい」と言ってきた経緯がある。雅子さんとの結婚が成就すれば、自分の考えを貫き通したことになる。皇太子にとって雅子さんとの結婚は、自己実現の道でもあった。それだけに、「自分の力でなんとかしたい」との気持ちが前面に出る。強い思いが「一生全力でお守りします」との約束になった。

強い決意をともなう約束

雅子さんにとっては消えたはずの話だった。

予想もしない交際再開の申し出に雅子さんは思い悩み、答えを出せずにいた。そんなとき、皇太子がかけたことばが「皇室に入られるということには、いろいろな不安や心配がおありでしょうけれども、雅子さんのことは僕が一生全力でお守りしますから」だった。婚約会見で「皇室入りを決心させたもの」を問われた雅子さんが、「殿下からは私の心を打つような言葉を、いくつかいただきました」として紹介した。

雅子さんの背中を押したものはそれだけではないだろう。雅子さんを宮内庁に紹介した元国連大使の中川融氏、仲介役を引き受けた元外務次官の柳谷謙介氏ら外務省ＯＢが雅子妃実現に向けて動いた。宮内庁参与には元外務次官の須之部量三《すのべりょうぞう》氏もいる。「皇室には皇室外交という役割がある」「国際親善に貢献できる」などの言いかたは、雅子さんに決断をうながす要因となりえた。加えて、小和田家周辺には「皇室入りが名誉回復になる」との思いがある。誰も口にしなくても、雅子さんは自分の役割として意識したはずだ。

そうしたなかでの皇太子の約束だった。皇室に入ることの不安や心配を受けとめ、「一生全力で守る」と言う。それは皇太子にとって単なる説得のためのことばではなく、強い決意をともなう約束だったにちがいない。

では、そのとき、皇太子はどんな不安や心配を思い描いていたのか。雅子さんが「皇室祭祀が不安だ」と打ち明けたとして、「全力で守る」という言いかたはしない。「短歌を詠んだことがない」も同じだろう。皇室に入れば、自分が盾となって守るような状況がありうる、との認識から出発しているはずだ。

裏側にある「不幸」

皇室会議から一ヵ月後の一九九三(平成五)年二月、皇太子自身が誕生日会見で補足説明をしている。事前提出の質問で「僕が一生全力で守ります」とのことばについて、「守るというのは何から守るということを具体的に想定されて、殿下は雅子さんにお伝えになったんでしょうか」と尋ねられた。

答えは「それに関しては、私はいろんなものがあると思います」から始まる。

「まず具体的にあれこれというふうにあげることは難しいと思いますけれども」

「やはり皇太子妃という非常に重要な立場にあるという、そういったプレッシャーというものが当然ございますし、それからまた、本当に様々な新しい環境に入るわけですから、それに伴う様々な不安であるとか、それから恐らくストレスみたいなものもあるかもしれないわけです。ですからそういった時に本当に側にいてあげて、そして相談にのって、そして全力で守ってあげるということが、私としては絶対に必要ではないかというふうに思います」

まずは「側にいてあげて、そして相談にのって」。それが、雅子妃との約束を守るために皇太子が心がけていることだった。いたわるように、いつも側にいようと努める皇太子の姿が浮かんでくる。なにかに身構えるような、こわばった心の動きはここにはまだない。

そして、結婚から五年八ヵ月が過ぎた九九年二月の時点での感慨。

「私たち二人の場合、できるだけお互い話し合うことにしております。私たちは、幸い、言ってみれば夫婦一緒に共働きをしている、一緒に行動するというような毎日を送っておりますので、幸いなことに二人で話し合う時間というのは比較的取ることができ、そのような時間を大切にしております」

「私たち」「一緒に」「二人で」のくりかえしに周囲との距離感がにじんでいる。そして、「幸い」「幸いなことに」の強調が、裏側にある「不幸」を示唆する。寒風に背を向け、身を寄せ合って耐える姿をほうふつとさせる。皇太子という特別な立場にある人が、孤立感を隠そうともしていない。異常な事態といえた。

「懐妊」待望論の圧力

ふたりを追い詰めていたのは皇室内外の「懐妊」待望論だった。結婚から一年、二年と過ぎ、なかなか子どもができない。結婚当初の穏やかな論調は、「男児誕生の意味がわかっていないのでは」「真剣に考えていないのでは」など責めの口調に変わっていた。「どうしてできないのか」との周囲の詮索もある。皇太子夫妻、とくに雅子妃にとってそれは、日々の行動を監視されるような息苦しさとなる。もっともプライベートな領域に属するはずの「懐妊」が声高に論じられる状況は、二人にとって尊厳が脅かされる事態を意味した。

「触れられたくない」。そんな気持ちがはっきり出たのは、雅子妃が結婚後初めて単独で臨んだ誕生日会見だった。結婚から三年半が過ぎた一九九六（平成八）年十二月のことだ。

質問項目は宮内庁記者クラブが取りまとめ、宮内庁を通して事前に示すのが慣例になっている。場合によっては宮内庁側から「この質問はやめてもらえないか」などの打ち返しがあり、記者会との間で交渉ごとになる。このときの会見でいえば、結婚後初めての単独会見でもあり、記者クラブ側は「懐妊」について雅子妃の思いを訊きたかったはずだ。

結果として質問はなかった。宮内庁側が防ぎきったといえる。一方で、質問がなかったこと自体が、「懐妊」の話題にたいして宮内庁側がいかに神経質になっていたかを雄弁に物語っている。雅子妃の誕生日会見は翌九七年、九八年とあった。だが、「懐妊」に関する質問はいずれの会見でも出ていない。そんな話題は世のなかのどこにもない、といった風情の質疑がくりかえされている。異様といえば異様だった。

先に結婚した弟の秋篠宮家では、結婚翌年の九一年に長女の眞子《まこ》内親王が誕生した。九四年には次女の佳子《かこ》内親王が生まれている。「眞子ちゃん」の生後間もないころ、秋篠宮邸の前を通りかかったことがある。宮邸の駐車場で秋篠宮が生まれたばかりの「眞子ちゃん」を抱え、「かわいいでしょう」と言いながら自慢げにあやしていたのを覚えている。その表情は、心の底からうれしそうだった。

しかし、女児であるかぎり、「皇統の危機」を叫ぶ声は高まる。「ぜひ男児を」との期待はそのまま皇太子家に向かった。皇太子自身、世継ぎの誕生が皇室の存続にかかわることは十分承知している。承知しているからこそ、「なぜ信頼して任せてもらえないのか」との思いにつながる。本来、皇太子夫妻の盾になり、静かな環境を守るべき宮内庁自体、「なんとか世継ぎを」との思いで前のめりになっている状況があった。

世のなかでは、早くも「女性天皇を検討すべきではないか」との声が上がりはじめていた。

そんな状況にあって皇太子は、誰もわかってくれない、誰も信頼できないと思ったに違いない。自分たちの世界は自分たちで守るしかない。そうした心の動きが雅子妃との絆を深めた。そして、孤立無援であるとの現状認識が意識をこわばらせ、より「内向き」の姿勢へと傾斜させたように見える。そのそばで、雅子妃は懐妊待望の動きにさいなまれ、体調を崩す日が多くなっていった。

「次は世継ぎを」

皇太子夫妻の世話に当たる事務方のトップ、古川清《ふるかわきよし》東宮大夫が突然の記者会見に臨んだのは二〇〇一（平成十三）年四月十六日正午過ぎだった。

「申し上げます。雅子妃殿下におかれましては、ご懐妊の可能性が出てこられました」

記者たちが腰を浮かしかける。

「正式に発表できる段階まではまだいくらかの時間的経過が必要であります。そのような段階になったということが判明し次第、正式に発表いたしますので、その時までできる限り静かに見守っていただくようご協力をお願いいたします」

結婚から七年十ヵ月。用意した発表文を淡々と読み上げる口調に、「どうか出産まで無事に」との思いがこもっていた。

一年四ヵ月前の九九年十二月十日、朝日新聞が特報した「懐妊の兆候」は「稽留流産《けいりゅうりゅうざん》」という結果に終わっている。そんな経緯をはさんでの「吉報」でもある。こんどこそ、どこかの社の「特報」で混乱させられるのは避けたい。ぎりぎりのタイミングを見計らった結果が、「ご懐妊の可能性」段階での発表だった。

第一子、敬宮愛子《としのみやあいこ》内親王は〇一年十二月一日に生まれた。八ヵ月まえの三月一日に東京大学医学部附属病院分院で産科婦人科教授を務める堤　治《つつみおさむ》氏が東宮職御用掛に就任。そこから本格的な不妊治療が始まっていた。皇太子夫妻にとってつらい治療を経ての待望の第一子であり、喜びもひとしおだった。しかし、誕生を祝う声はすぐに「次は世継ぎを」の声に変わる。天皇制の将来を案じる声はさらに勢いを増し、皇太子夫妻に重くのしかかった。

重圧への反発はしだいに環境への不満となってあらわれはじめる。

通じぬ思い

不満が明確なことばとなったのは、二〇〇二（平成十四）年十二月、ニュージーランド・オーストラリア訪問を前にしての記者会見の場だった。質問は事前に受け取り、どう答えるかは二人で相談してある。

約八年ぶりになる夫妻そろっての外国訪問。最初の質問はその「感慨」を尋ねる定型的な内容だった。皇太子に続き、雅子妃が話しはじめる。今回の訪問をとてもうれしく思い楽しみにしていること、八年前の中東諸国訪問がいい経験だったことに触れ、続けた。

「私の妊娠そして出産、子育てということで最近の二年は過ぎておりますけれども、それ以前の六年間、正直を申しまして私にとりまして、結婚以前の生活では私の育ってくる過程、そしてまた結婚前の生活の上でも、外国に参りますことが、頻繁にございまして、そういったことが私の生活の一部となっておりましたことから、六年間の間、外国訪問をすることがなかなか難しいという状況は、正直申しまして私自身その状況に適応することになかなか大きな努力が要ったということがございます」

ふと心に浮かんだことをたまたま述べた発言ではない。言おうと決めていた胸の内の吐露といえる。

しばしば誤解されるが、この発言は単に外国へ行けないことについての不満ではない。「外国訪問をすることがなかなか難しいという状況」について述べている。むしろ、背景にあるものを告発する趣旨が主だったはずだ。

この間、宮内庁は懐妊の可能性を高めたいとの考えで雅子妃の外国訪問を抑えていた。外国訪問に出ないことが「懐妊」につながるのかどうか、判然としない。だが、この当時の宮内庁長官だった鎌倉節《かまくらさだめ》氏は『週刊文春』(〇四年五月二十七日号)の取材に「皇太子ご夫妻の海外訪問を減らしたことにどんな批判が出ようと結構でございます」と答えている。宮内庁の判断として外国訪問を減らした。そして、宮内庁はそうした判断が雅子妃を追い詰めているという現実を受けとめられずにいた。雅子妃の発言は、「懐妊がすべて」になっている状況への反発だった。

だが、雅子妃の思いは通じない。湯浅利夫《ゆあさとしお》宮内庁長官がすぐに定例会見で異例の言及をする。

「外国訪問をあれだけなさりたかったのかと正直驚いている」

「お世継ぎ問題は小さな問題ではなく、ご理解いただければありがたい」

前段は、雅子妃の発言が「外国訪問についての希望・要望」であったかのように趣旨をずらして感想を述べている。後段は、なぜそうなっていたかの背景説明であり、「そうするのが正しい」との主張になっている。長官として、事態を軽く見せ沈静化を図ると同時に、真意を伝えるかたちを取った。巧みな反応ではある。しかし、雅子妃の記者会見での発言にたいする定例会見での言及は、皇太子夫妻と宮内庁とのあいだで意思の疎通がうまくできていないことを認める結果になった。

事実上の「最終通告」

二〇〇三（平成十五）年十二月十二日付の朝日新聞朝刊社会面に、小ぶりの囲み記事が載っている。

「『秋篠宮さま、第3子を』　宮内庁長官」

湯浅長官が前日の定例会見で秋篠宮家の第三子に触れ、「秋篠宮さまのお考えはあると思うが、皇室の繁栄を考えると、3人目を強く希望したい」と述べたと伝えている。記事は、「秋篠宮さま以来となる男性皇族の誕生に期待をにじませた」「皇太子ご夫妻の長女、敬宮愛子さまの誕生以来、女性天皇の実現をめぐる皇室典範の改正論議が持ち上がっており、皇位継承問題が複雑化する可能性もあるが、長官は『(秋篠宮家では)お子さまをほしいというお気持ちでは。典範とは切り離して考えないと』と語った」

と書いている。雅子妃の不安定な体調は依然として戻っておらず、長官発言は皇太子夫妻にたいする事実上の「最終通告」を意味した。

休養宣言

それから一ヵ月後の二〇〇四年一月九日、雅子妃が気持ちをつづった文書を発表した。

「心苦しいことですが、しばらくの間は、心身の静養につとめ、万全の体調を取り戻すことが私の務めではないかと思っています」

皇太子妃としての「休養宣言」だった。

「十年余前の結婚以来、慣れない環境の中での大きなプレッシャーのもとで、これまで私なりに一所懸命努力してきたつもりでございましたが、その間の心身の疲労が蓄積されていたことの結果であったのではないかと感じます」

「公務と育児を両立させるよう努力してまいりましたが、昨年の春以降、体調がすぐれず、最近は公務を十全に果たせないような状況になってきておりました」

「しばらく時間がかかるかもしれませんが、体力と気力を充実させ、もとの元気な自分を取り戻したうえで、なるべく早く公務に復帰して務めを果たすことができるよう努力したいと思います」

宮内庁に説明を託さず、自身の文書として発表したところに、宮内庁との抜き差しならない緊張関係があらわれている。

なぜ、ここまで至ったのか。皇太子が「一生全力でお守りします」という言いかたで雅子さんを説得したと知った宮内庁幹部は、皇室を不安材料のように言う踏みこみかたに戸惑ったという。だが、皇太子の念頭にあった「皇室に入ることの危惧」を理解し、共有する努力はなされなかった。

仮に宮内庁が皇太子の思いを受けとめ、「皇太子妃をお守りするのは宮内庁の役目」と明言していたら、皇太子夫妻の不安は軽減され、宮内庁と皇太子夫妻の関係悪化はなかった。あるいは皇太子の側が、両親である天皇皇后に真情を語っていたら。皇室と宮内庁を巻きこんだその後の「大騒動」は避け得たはずだ。

2　人格否定

堰を切ったように

「雅子には、結婚により、それまでとは全く異なる環境に入りました。新しい生活の中で、外からは分らないのですが、東宮御所での生活の成り立ちに伴う様々な苦労があったと思います」

「皇太子妃という特別な立場から来るプレッシャーも、とても大きなものだったと思います」

「世継ぎ問題についても様々な形で大きなプレッシャーが掛かっていました」

雅子妃の「休養宣言」から一ヵ月後の二〇〇四（平成十六）年二月、皇太子は自身の誕生日会見で、妻が体調を崩した「原因」をそう説明した。この場合も質問は事前提出。「皇太子妃殿下は現在ご静養中ですが、皇族方が長期間公務を休まれるのは異例のことです。殿下は一連の経過をどう受け止められ、原因はどこにあるとお考えですか」との問いだった。

なにを話すか、どんなことばをつかい、どこまで話すか。すべて事前に原稿化し、何度も読みかえしている。妻がいかに苦しんでいたか、努めて客観的に語ろうとするようすは、会見の場にはいない誰かに向けて懸命に訴えているようでもある。説明は続く。

「今はともかく、全てを忘れてゆっくり休んで欲しい気持ちです。そうですけれどもなかなか思うようにいかないのが現状であります」

思わず漏れ出たかのような嘆息。そこから要望になる。

「皇太子妃という立場を健康で果たすことが必要なわけですから、そういった意味からも今後の公務の内容や在り方も検討する必要があると思います」

「世継ぎ問題については、その重要性を十分認識していますので、周囲からプレッシャーが掛かることなく、静かに過ごせることを望んでおります。さらにもう少し自由に外に出たり、いろいろなことができるようになると良いと思います」

胸の内にしまっていたのかもしれない。こうしてもらえたらとの思いが、堰を切ったようにあふれ出している。

軽井沢へ

雅子妃の体調は思わしくない。公務復帰は四月ごろになると見られていた。皇太子会見から約一ヵ月後の二〇〇四年三月二十五日、雅子妃は皇太子に付き添われて長野県軽井沢町にある小和田家の別荘に向かう。環境を変えて静養するためだった。信濃毎日新聞（〇四年三月二十六日付朝刊）に「雅子さまが県内で静養／異例の滞在地非公表」との記事が載っている。静養にあたって宮内庁は、具体的な滞在場所を公表せず、宮内庁記者クラブや地元の報道各社などに、静養地での取材や場所を特定するような報道を控えるよう求めた。「騒がれたくない」との意向がある。地元住民に向けては、林田英樹《はやしだひでき》東宮大夫名で「沿道での出迎えなどはご遠慮いただきたい」との談話を出した。宮内庁として、腫れ物に触るような対応だった。

雅子妃の別荘地滞在は予定より延び、帰京はゴールデンウイークで軽井沢の人出が増える直前、四月二十六日になった。そして二週間後の五月十日。デンマーク、ポルトガル、スペインの公式訪問を前に皇太子が記者会見に臨んだ。この会見で、「雅子の人格を否定するような動きがあったことも事実」

との発言が飛び出すことになる。

東宮大夫ら宮内庁の幹部が発言内容を事前に知らされていなかったことははっきりしている。雅子妃に関する言及だけに、帰京した雅子妃との綿密な打ち合わせがあったであろうことは疑いがない。


言ってはいけないことばまで……


宮内庁記者クラブからの質問は、「今回、皇太子妃殿下のご訪問については、ぎりぎりまで検討されましたが、最終的には見送られました。殿下お一方でご訪問されることに至った経緯、結果についての殿下、妃殿下のお気持ちをお聞かせください。妃殿下の現在のご様子、ご回復の見通しについても改めて伺えればと思います」というものだった。

皇太子は経緯から語りはじめる。

「私も雅子も是非二人で各国を訪問できればと考えておりましたけれども、雅子の健康の回復が十分ではなく、お医者様とも相談して、私が単独で行くこととなりました」

続けて雅子妃の胸の内を皇太子が語る。

「雅子には各国からのご招待に対し、深く感謝し、体調の回復に努めてきたにもかかわらず、結局、ご招待をお受けすることができなかったことを心底残念に思っています。殊に雅子には、外交官としての仕事を断念して皇室に入り、国際親善を皇族として、大変な、重要な役目と思いながらも、外国訪問をなかなか許されなかったことに大変苦悩しておりました」

話は雅子妃が皇室入りして以来の外国訪問に及んでいる。

「外交官としての仕事を断念して皇室に入り」

「外国訪問をなかなか許されなかった」

「どうしてくれるのか」と言わんばかりの口ぶりは、雅子妃本人が語っているようにさえ聞こえる。

皇族の外国訪問について許しを与えるのは天皇にほかならない。「なかなか許されなかった」と不満に思う気持ちは、天皇に向かっていると言わざるをえない。

皇太子はさらに自身の胸の内を吐露する。

「私も本当に残念で、出発に当たって、後ろ髪を引かれる思いです」

ことばどおりに受け取れば、「本当は行きたくない」となる。皇太子として言ってはいけないことば。ふだんの皇太子ならばけっして口にしないことばだった。感情が先に立ち、訪問国へのマナーに反する表現になってしまっている。

人格を否定する動き

皇太子は続けて雅子妃の長野県での静養について触れ、関係者の協力へのお礼を述べる。そして、「人格否定発言」へと続く。

「長野県での滞在は、とても有益なものではあったと思いますが、まだ、雅子には依然として体調に波がある状態です。誕生日の会見の折にもお話しましたが、雅子にはこの十年、自分を一生懸命、皇室の環境に適応させようと思いつつ努力してきましたが、私が見るところ、そのことで疲れ切ってしまっているように見えます。それまでの雅子のキャリアや、そのことに基づいた雅子の人格を否定するような動きがあったことも事実です」

文章構成からいえば、「この十年、皇室の環境に自分を適応させようと努力し、そのことで疲れ切った」経緯を述べ、その説明を補強する趣旨で「人格を否定する動きがあった」と付け加えたかたちになっている。原稿にしたものを読み上げた発言であることを考えると、「人格を否定する動き」は「この十年」でのことと理解できる。

では、人格を否定する「動き」とはなにか。当然、関連の質問が出る。だが、明確な説明はなかった。

「細かいことはちょっと控えたいと思うんですけれど、外国訪問もできなかったということなども含めてですね、そのことで雅子もそうですけれど、私もとても悩んだということ、そのことを一言お伝えしようと思います」

歯切れが悪い。会見はあいまいなまま終わった。

雅子妃にたいして誰がなにをしたのか。強いことばを用いた皇太子の告発に世のなかは騒然となった。

妻を思うあまり、論旨の足元が固まっていない

一週間後の五月十七日には「皇太子から具体的に説明がないと、国民も心配しているだろう」との天皇皇后の意向が宮内庁を通じて明らかになる。だが、皇太子の側はすぐに対応できなかった。「真意をうかがいたい」とする宮内庁長官の面会も受け入れず、考えに考えた末、「説明文」を発表したのは約三週間後の六月八日だった。

「記者会見では雅子がこれまでに積み上げてきた経歴と、その経歴も生かした人格の大切な部分を否定するような動きがあった、ということをお話しました」

「人格」を「人格の大切な部分」と言い換えている。そうして表現をやわらげたうえで、「誰が」「なにを」など具体的に公表することが有益とは思わないと述べ、

「お伝えしたかったのは、私たちがこれまで直面してきた状況と今後に向けた話です」

と発言の趣旨を説明している。

「説明文」は人格否定発言の説明になっていない。むしろ、「今後に向けた話」に力点がある。

「私は、これから雅子には、本来の自信と、生き生きとした活力を持って、その経歴を十分に生かし、新しい時代を反映した活動を行ってほしいと思っていますし、そのような環境づくりが一番大切と考えています」

「雅子の復帰のためには、いろいろな工夫や方策も必要と考えますし、公務のあり方も含めて宮

内庁ともよく話し合っていきたい」

ここで語られている「今後に向けた」とは、雅子妃の経歴を十分に生かした「新しい時代を反映した活動」であり、そのための「環境づくり」だった。ただ、「新しい時代を反映した活動」がどのようなものか、具体的な説明はない。皇太子のなかで皇室の「現状」はどう位置づけられているのか。そんな疑問を抱かせるほど、現状にたいする拒否感が浮き出ている。

説明文書は、雅子妃の生き生きとした活動を思うあまり、論旨の足元が固まっていない。国民の納得を得るためには、新たな活動の姿を具体的に描いて示す必要があった。と同時に、出発点となる現状をどう評価するのか、どうやって「今後」につなげるのか、考えを述べる必要があった。それがなかったことで、説明文書は「雅子妃中心」の印象のみ残し、実現への道筋を欠く「空論」のように受けとめられた。

人格否定発言が世のなかに大きなインパクトを与えた後だけに、新たな皇室をめざすならば、説明文書は絶好のチャンスとなりえた。だが、皇太子はそれを生かしきれなかった。

価値観の衝突を調整できず

ここで、騒動の出発点に立ち返ってみたい。

始まりは「それまでの雅子のキャリアや、そのことに基づいた雅子の人格を否定するような動きがあったことも事実」との発言だった。説明文書では「雅子がこれまでに積み上げてきた経歴と、その経歴も生かした人格の大切な部分を否定するような動き」と言い換えている。前提となる雅子妃のキャリア・経歴は、海外での生活経験と外務省での勤務経験を指すと思われる。では、「そのことにもとづいた人格」ないし「その経歴も生かした人格の大切な部分」を否定する動きとはなんなのか。

皇太子は説明を避けたが、海外生活や外務省勤務によって培われた人生観ないし自己実現の拠りどころとなる価値観を認めようとしない言動、と考えられる。平たく言えば、個性をもったひとりの人間として扱われていない、との感覚といえる。

たとえば外国訪問では、「皇太子妃として国際親善に寄与したい」と考えていても、「懐妊」が先という宮内庁幹部の考えがあり、実現しない。さまざまな儀式や行事に際して、よかれと思ってしたことでも、しきたりや作法から外れていればただちに否定される。「究極の不自由」と言っていい皇室での生活に適応しようとたいへんな努力をしていても、認めてもらえない。そんな積み重ねを指して、「人格を否定するような動き」と表現したとしか考えられない。

むしろそれは、価値観の衝突であり、それぞれの価値観にたいする理解不足が引き起こした葛藤と言うほうが自然だ。尖鋭な衝突となった「外国訪問」と「懐妊」にしても、それぞれを全否定することはできない。どちらにも意義があるのであり、両者を調整する意識とそのための機能が宮内庁組織にあれば、防げた事態だった。

そう考えるとき、結婚に至るプロセスの性急さにあらためて目を向けざるをえない。雅子さんが皇太子と向き合って話をしたのは、再会後でいえば四回にすぎない。ほとんどが思い悩んでいた時間であり、この間に皇室についての理解をどれだけ深められたか。考えるまでもない。

あるいは、皇室での生活について理解が足りていなかったとして、皇室に入るにあたっての覚悟はどこまで固まっていたのか。深い部分での覚悟があれば、対処のしかたを見出す心の余裕が生まれ、疲れ果ててしまわずにすんだのではないだろうか。

適応障害と治療の開始

一連の事態の出発点に報道自粛の成立がある。それによって「一年以内」の期限が生じ、結婚までとにかく先を急ぐプロセスになった。

宮内庁が結論を急いだ事情は、そうなった理由が想像を超えるとはいえ、理解できる。しかし、宮内庁は結論を急いだ分をどこかで取り戻す必要があった。結婚後であっても、雅子妃に皇室での日常やしきたり、作法、それらの背後にある天皇を中心にした世界観について、多くの時間を費やして説明を尽くせばよかった。十分な理解が得られるまで続けていれば、雅子妃が療養生活に入ることもなかったはずだ。

皇太子の「人格否定発言」については、「皇太子の反乱」などの論評がなされた。だが、発言後の経緯を見ても、なんらかの目標を見定めてなされた戦略的な側面は見受けられない。むしろ、強い印象のことばを用いた不満や反発の吐露と考えるべきであって、「反乱」ではありえないだろう。結果を見ても、皇室にたいする世のなかの冷えた視線を呼び起こしただけではないか、との指摘がある。

ただ、そうではあっても、宮内庁内で、皇太子夫妻との意思疎通が不十分だったと反省する機運を生む効果はあった。そしてなによりも、発言を機に雅子妃の病状について宮内庁の危機感が深まった。慶応大学教授で精神科医の大野裕《おおのゆたか》氏を主治医とする東宮職医師団が編成され、本格的な治療が始まることになった。

もちろん、いずれも、違うやりかたで達成すべきものではある。違うやりかたがあるにもかかわらず、記者会見の場を選ばせてしまった。宮内庁からすれば大きな悔いを残した。

「説明文」発表の翌月の七月三十日、林田英樹東宮大夫は東宮職医師団の診断と治療方針を公表した。東宮職医師団は、雅子妃の病状を米国精神医学会の公式の診断分類『精神疾患の診断・統計マニュアル第4版改訂版　DSM‐Ⅳ TR』にもとづいて「適応障害（不安と抑うつ気分の混合をともなうもの、慢性）」と診断していた。

医師団はのちに「見解」を発表し、

「大うつ病性障害（いわゆる『うつ病』）をはじめとする気分障害の診断基準を満たさず、複数の明らかなストレス要因が発症の契機として認められたことから診断した」

「ストレスの軽減を目的とした環境調整と精神療法、そして少量の薬物療法を使って治療を開始しました」

と述べている。一般的に精神疾患は、周囲が「病気である」と認めるところから治療が始まるといわれる。病名の公表は宮内庁が病気を認めたことを意味している。ここからがほんとうの意味での雅子妃の療養の始まりだった。

3　それぞれの皇室観

世のなかの役に立ちたい

「平成」の継承者となる皇太子、雅子妃はどんな皇室を築いていくのか。

手がかりとなる発言がある。二〇一〇（平成二十二）年二月十九日、皇太子は五十歳の誕生日を前に記者会見に臨んだ。

最初の質問は「五十歳といえば、論語で『天命を知る』とされる年齢です。今の率直なお気持ち、公私両面での抱負をお聞かせください」で始まった。皇太子が独自の解釈を加えて答える。

「『天命を知る』という孔子の言葉は、自分がこの世に生まれた使命を知るという意味ですが、単に知るだけではなく、この世のためにいかす、つまり、人のために尽くすという意味を含んでいるように思います」

使命を知ったならば動く。そんな行動的な皇室像が浮かんでくる。会見では続けて、

「他人への思いやりの心を持ちながら、世の中のため、あるいは人のために私としてできることをやっていきたいと改めて思っております」

と抱負を語っている。皇太子が折々の会見でくりかえし語ってきた「役立ちたい」という思いが募っているようすがうかがえる。

「今の自分に一体何ができるかということを常に考えながら、日々を過ごしていきたい」（一九九九年二月）

「（新しい公務のあり方は）自分が何をすることが、国のため、そして国民のためになるかということを模索することです」（二〇〇五年二月）

「若い人たちがたくさんの希望を持って前向きに生きていける社会を作るためにも何かお役に立ちたい」（〇五年二月）

「私としても、常に学ぶ姿勢を忘れずに、他人への思いやりの心を大切にしながら、世の中のためにできることを心掛けてやっていきたい」（一三年二月）

「世のなかの役に立ちたい」という切々とした思いは、〇三年春ごろからの雅子妃の体調不良に始まり、〇四年一月早々の「休養宣言」を経て、五月の「人格否定発言」に至るという不幸な流れが背景にある。この時期から週刊誌などの「雅子妃バッシング」が激化し、皇太子夫妻への冷

たい視線が露わになる。雅子妃の体調不良と声高な一部メディアのバッシング。不当な論調による不本意な状況にあらがうように、皇太子は「自分を役立てたい」という貢献の意欲を固め、「時代の求めに応じて変わっていく」という能動性につなげたといえる。

公務とは受け身のもの

皇族としての公的な活動を公務という。そのありかたをめぐって、秋篠宮とのあいだで示唆に富むやりとりがあった。

発端は二〇〇四（平成十六）年二月。雅子妃の「休養宣言」が出た直後の皇太子の誕生日会見だった。新聞やテレビはほとんど伝えていない。だが、それぞれの皇室観がくっきりと出ていて、興味深い。

皇太子が語った。

「公務というものは、私はその時代時代によって変わってくるものと考えます。国際化の中での日本が変わっていくのに伴って新たに私たちが始めるべき公務もあると思います。前の時代からの公務も大切にしなければいけないものもありますが、その辺りを整理して今の時代に合ったような形で新たに私たちでできる公務を考えていくことができればと思っております。もう一度長い目で、本当に皇太子として今どのような公務を、そしてどのような形で果たしていくべきか宮内庁も含めて真剣に考えていただきたいと思います」

発言のなかで、「私たち」が二回、出てくる。最初の「私たち」は国際化のなかでの変化を前提にしており、雅子妃の「キャリア」をベースに発想しているように見える。後ろの「私たち」は、明らかに自分と雅子妃についての発言だ。

これにたいして、秋篠宮が同じ年の十一月、誕生日会見でコメントした。記者から皇太子発言についての考えを尋ねられ、それに答えるかたちだった。秋篠宮は「直接的な答えにならないかもしれません。また、その公務とはどういうものかということも、なかなか難しいことだと思います」と断ったうえで、考えを述べはじめた。ていねいに語っている分、やや長くなる。

「あくまでも私個人としては、自分のための公務は作らない。つまり自分がしたいことはいろいろあるわけですけれども、それが公務かどうかはまた別ですね。私は公務というものはかなり受け身的なものではないかなと。こういう行事があるから出席してほしいという依頼を受けて、それでこちらもそれが非常に意義のあることであればそれを受けてその務めをする。私自身はそういうふうに考えて今までずっと来ています」

秋篠宮は「それでよろしいですか」と念を押して発言を終えた。

かみ合っていないようで、じつはしっかりとかみ合った議論になっている。皇太子の論点は「前の時代の公務」から「今の時代に合った公務」への転換にあった。だが、秋篠宮は皇太子がいう「私たちでできる公務」に着目した。そこを出発点に「自分のための公務は作らない」という自身のポリシーを述べたのだった。

父の慈愛

二人のやりとりに天皇が割って入る。この年の十二月、天皇誕生日に当たっての文書回答でこう述べた。

「秋篠宮の『公務は受け身のもの』という発言と皇太子の『時代に即した新しい公務』とは、必ずしも対極的なものとは思いません。新たな公務も、そこに個人の希望や関心がなくては本当の意義を持ち得ないし、また、同時に、与えられた公務を真摯に果たしていく中から、新たに生まれてくる公務もあることを、私どもは結婚後の長い年月の間に、経験してきたからです」

双方を立てる心配りがある。ただ、それでは終わらない。

「従来の公務を縮小する場合には、時期的な問題や要請した側への配慮を検討し、無責任でない形で行わなければなりません。『時代に即した公務』が具体的にどのようなものを指すかを示し、少なくともその方向性を指示して、周囲の協力を得ていくことが大切だと思います」

前のめり気味の皇太子にクギを刺すことも忘れなかった。皇太子の「人格否定発言」から半年あまり。皇太子が追い詰められ、雅子妃を救うためになんとか現状を変えたいともがいているのはわかっている。天皇は皇太子の胸の内を理解し、受けとめたといえる。ここには突き放すような立腹はない。「時代に即した公務」を採り入れていくためにどんな手順が求められるか、具体的に教え諭すことばに父の慈愛がにじんでいる。

兄と弟の違いを突き詰めれば

秋篠宮の考えは、現憲法が規定する象徴天皇制のありかたを禁欲的に踏まえていると言っていい。憲法は第四条で「天皇は、この憲法の定める国事に関する行為のみを行ひ、国政に関する権能を有しない」と規定し、第三条で「天皇の国事に関するすべての行為には、内閣の助言と承認を必要とし、内閣が、その責任を負ふ」と定めている。つまり、天皇が国事行為に関して自発的になにかをすることは許されていない。言い換えれば、天皇の公的な行為の原則として、自発性はそもそも想定されていない。と同時に、憲法の規定は天皇を助ける立場の皇族にもあてはまると考えられている。

憲法の規定を踏まえれば、皇族の公務も政治の領域に踏みこむものであってはならない。「日本国の象徴であり日本国民統合の象徴」（憲法第一条）である天皇と同じように公平であることが求められる。公的な領域では、政教分離の原則にもとづいて宗教性も排除しなければならない。それが象徴天皇制のありかたであり、皇后、皇太子以下、各皇族がその規範に沿ってみずからの行動を律するよう求められている。

象徴天皇制のありかたを秋篠宮がわかりやすく語ったのが「公務は受け身のもの」だった。秋篠宮の「公務」観は、みずから求めるのではなく、要請があった場合に規範に照らして適当かどうかを判断し、引き受けたならば誠実に務めるという考えかたといえる。

これにたいして皇太子は、皇室の側が時代の要請をみずから感じ取り、新たな公務のありかたを模索する必要があると考えている。前向きさが際立つ。背景に「世のなかの役に立ちたい」という強い思いがあることは言うまでもない。

兄と弟の違いは、突き詰めれば「自発性」をめぐる態度の差となる。秋篠宮は、「自分のための」新たな公務を強く求めるようになれば、公的行為の領域にいつか私的意思が入りこむ可能性があると案じているように見える。あるいは、受け身の姿勢に徹すれば慎重な吟味ができると考えているのかもしれない。

二人の積極的で能動的な姿勢は憲法と衝突する可能性が高い

皇太子と雅子妃が「将来の皇室像」について考えを述べた文書がある。二〇〇三（平成十五）年六月、結婚から十年の節目を迎えるに当たって、宮内庁記者クラブの質問に答えるかたちで発表された。このとき、皇太子は四十三歳、雅子妃は三十九歳。皇太子はこの間、「一生全力でお守りします」との約束を守ってつねに雅子妃に寄り添うことを心がけ、二人で話し合う時間を大切にしてきた。それだけに思い描く皇室像もきわめてよく似ている。

まず皇太子が述べる。

「時代の要請を的確に感じ取って若い世代の皇室にふさわしい活動ができればと思います」

「かねがね私たちは、二十一世紀の皇室にふさわしい活動ができればと申してきましたが、それは、目まぐるしく変化の大きい今の時代を考えたとき、公務として、自分たちがするのに何が大切かということを見極めることです。今までの公務も含め、ここでもう一度、私たちの公務についてもそのような視点で考えてみたいと思います」

そして付け加える。

「海外への親善訪問は皇族としての活動の中でも大切なものですので、今後も機会を見つけては諸外国を訪問し、親善訪問の分野でもお役に立ちたいと考えます」

外国訪問への言及は雅子妃への思いやりのようにも見える。

続いて雅子妃。

「この十年間で、例えばインターネットの普及一つとってみましても、どれ程世の中が変わったかということに驚かされます。

このような中で、皇族としての私たちの世代に、これからどのような姿が望まれるかということについては、様々な角度から考えていくことが大切なのではないかと思います。広く人々の幸せを祈りつつ、これからの日本や世界の人々にとって何が大切になってくるかという将来像を自分なりに把握するように努め、広い視野に立って世の中に関わっていくことを考えていかれればと思います」

まずはめまぐるしい、急激な時代の変化がある。そうした変化のなかで、「自分たちがするのに何が大切か」「どのような姿が望まれるか」を見きわめ、さまざまな角度から考える。ここまでは、同じ趣旨をそれぞれの言いかたで述べている。

そこから雅子妃が一歩踏みこむ。「将来像を自分なりに把握するように努め、広い視野に立って世の中に関わっていく」。積極的で能動的な決意の表明であり、雅子妃の気丈さが出ている。だが、その背後に、現実への適応に疲れ、体調を崩し気味の雅子妃がいることを忘れてはならない。翌年二月の皇太子の「時代に即した新しい公務」発言は、体調を崩した雅子妃に贈るエール、「自分はその思いを共有している」だったのかもしれない。しかし、積極的で能動的な姿勢は、憲法が公的行為から排除する自発性と衝突する可能性が高い。時代の変化の速さを感じ、それに対応したいと思う気持ちと自発性。ここに新天皇皇后の困難さがある。

よかれかし

では、「平成」の天皇皇后の皇室観はどうだったのか。一九九一(平成三)年九月二十日、代替わり後初めての外国訪問となるタイ・マレーシア・インドネシア訪問(九月二十六日～十月六日)を前にした天皇皇后の会見で、「原点」ともいえる考えかたが語られている。

在日外国報道協会の代表が質問したのは「国際社会の中で日本の皇室は将来、どういう役割を担うとお考えでしょうか」だった。

天皇が穏やかに語りはじめる。

「政府の決定を受けて外国を訪問し、訪問国の方々と交わり、国民と国民との理解と友好を深めるように資するよう努めていきたいと思っています」

一呼吸置いて、皇后が口を開く。

「国際的な様々な分野で働かれる人々の仕事に常に注意を向け、長い期間にわたって見守り、精神的支援を続けていくことも私どもの大切な役目だと思っております」

皇后の発言に「精神的な支えとはどういうことなのでしょう」との関連質問が出る。皇后の答えはこうだった。

「努力をしている人々の仕事に対して、それをいつも誰かが見ていて、そして、あの、よかれかしと願っているということは、大事なことではないか、また、大勢の人がそういう気持ちの上でいるというようなことは、形にでなくても大事なことだと思っておりますので、それは私の立場だけではなくて、やはり大勢の人が、お互いの上に良いことを願いあっているという、そのような意味のことを、精神的な支援を続けるという言葉で言ったつもりでございました」

努力はそれぞれの現場の人間がしている。皇室はそれを見守りつづける立場にある。見守って、よかれかしと願っている。訪問や視察などの公務は、多くの人の努力に光を当てる役割をもち、よかれかしと願う皇室の思いを伝える場となる。

憲法によって公的行為における自発性を排除された皇室にできることはなにか。そう自問する天皇皇后が皇太子夫妻のころから模索を続け、たどり着いた皇室観だった。

「心に刻み」「心にとどめ」はしつつ……

「平成」の皇室観は、皇太子よりも秋篠宮の考えかたにより色濃く投影されている。天皇が指摘するように、受け身の公務から新たな公務が生まれることもある。憲法の規定を厳格に受けとめ、静かで控え目だが着実に歩むのが秋篠宮の皇室観といえる。

一方の皇太子は二〇一八（平成三十）年二月、退位による代替わりが決まったことを受けて、「両陛下の御公務に取り組まれる御姿勢やお心構え、なさりようを含め、そのお姿をしっかりと心に刻み、今後私自身が活動していくのに当たって、常に心にとどめ、自己の研鑽に励みつつ、務めに取り組んでまいりたい」

と感慨を述べている。「心に刻み」「心にとどめ」としつつ、「受け継ぐ」ということばは慎重に避けている。姿勢や心がまえを踏まえながら、自分なりの皇室を雅子妃とつくっていくのだという強い決意が見て取れる。

第六章

メディアに沈黙は許されない

1　雅子皇后に「物語」はあるか

結果として……

仮に日本新聞協会が報道自粛を決めていなかったら……。皇太子と雅子さんの結婚はむずかしかったといえる。

報道自粛が決まらなければ宮沢喜一首相の一声もなく、過去の候補を「復活」させる宮内庁の方針転換もない。方針転換がなければ、皇太子と雅子さんの再会もなかった。皇室に入っていなければ、適応障害での長期療養もなかったかもしれない。

雅子さんにとって、どちらが幸せだったか。もちろん、その問いに意味はない。現に報道自粛は決まり、雅子さんは皇太子と再会し、心を決めて結婚した。報道自粛が時間の制約となり、結婚に至るプロセスを性急なものにするという皮肉な現実もあった。

一方で、約一年のメディアの沈黙は、この国の言論状況を歪めた。お妃選びの現状を伝える報道は消え、報道をきっかけとする議論や論評も同様に消えた。皇太子妃とはどういう存在なのか、私たちは皇太子妃になにを期待するのか。議論がなければ、世論の形成も熟成もない。そんな状況で皇太子と雅子さんの結婚は決まった。

皇室会議以降、結婚の儀、パレードなど節目での手厚い報道はあった。だが、世のなかの祝賀ムードは長続きしなかった。昭和天皇の闘病報道をきっかけに高まった過剰報道への批判がまだ残っていた。バブル崩壊という時代状況もあった。結果として雅子妃をめぐるいくつかのエピソードは、時代のアイコンとしての「物語」になることはなかった。

宮内庁はそもそも皇太子妃となる雅子さんを国民にどう伝えようとしたのだろう。最初に国民の代表に説明する場が皇室会議になる。

皇室会議「議事録」

議事録は、一枚目に「天皇陛下　皇后陛下　御覧もの」とあり、「御覧済」の朱印が押してある。

皇太子と雅子さんの結婚を決めた皇室会議は一九九三（平成五）年一月十九日午前八時三十分、宮内庁特別会議室で始まった。まず宮沢首相が開会の辞を述べる。宮内庁審議官が議案を朗読し、藤森昭一宮内庁長官が議案の説明に立った。冒頭は、皇室会議の前に婚約内定が報道された経過の釈明だった。

続いて、選考の経緯。

「候補者の選考に当たりましては、対象を特定の範囲に限定することなく、広い範囲から選考することといたしました」

「将来日本の象徴となられる皇太子殿下の御配偶として、本人の健康、人格、学業等万般について優れていることはもちろん、家庭、親族等についても支障無きことを期しました」

「特定の範囲に限定することなく」は、旧皇族・旧華族の出身者から選ばなかったことを指している。

天皇皇后のかかわりが続く。

「天皇陛下には（略）皇太子殿下の御意思に基づくお妃候補の決定を望んでおられました」

「皇后陛下には（略）御自身外部から皇室にお入りになったお方とされて、次代の皇太子妃候補の選考に携わること一切をお控えになり、最後に皇太子殿下のお申出に応えられた唯一人の方を全てにおいて受け入れたい、というお考えで今日までこられた」

美智子皇后がかかわっていなかったことは皇室会議後の宮内庁長官会見、皇太子と雅子さんの会見でも語られている。だが、ここでは、みずからが「外部」から皇室に入った者であることを理由に関与を控えた、との説明になっている。

藤森長官は続いて、出会いから交際の中断、再会と雅子さんの決意まで、経緯を時系列で紹介している。

中断の理由については、「雅子嬢の母方の祖父江頭豊氏が、水俣病訴訟係属中の『チッソ』の社長等の地位にあったということについても慎重を期し」と説明。再会に当たっては「江頭豊氏は、『チッソ』の社長等の就任時期等からみて、水俣病の発生と関係なく、刑事法的にも責任がないこと等が明らかであることを考慮」したとしている。

議案説明は、雅子さんの略歴の後、人物像に移る。宮内庁が雅子さんをどう描こうとしたのかがわかる。

「雅子嬢は、通算十五年弱の欧米での生活経験をお持ちであり、英語が極めて堪能であるほかドイツ語・フランス語にも通じておられます」

「その卓抜した学業成績は刮目すべきものがあります」

「海外にも知己が多く、国際感覚に極めて富んだお嬢さんでございます」

「しとやかな日本女性の特性を併せ持ち、また、大学在学中日本文化クラブ会長を務められるなど、日本文化に対する理解と熱意を持っておられる方でございます」

「しとやか」など主観的評価が交じっているが、誰の評価であるかは述べられていない。人物像の部分は議事録で十二行。そのうちの七行を学業成績の説明が占めている。「卓抜した学業成績」を中心に人物像を描こうとする意図がうかがえる。

藤森長官はこの後、小和田家の家系図に沿ってそれぞれの職業などを紹介し、説明を終えた。議案について質問は出ず、全員が賛成して十九分で議事は終わった。

紀子さんと比べると

皇室会議での人物像の紹介をどう読み解くか。天皇家の次男、礼宮《あやのみや》（現秋篠宮）と川嶋紀子さんの例を参考に考えてみたい。礼宮と紀子さんの結婚を決めた皇室会議は一九八九（平成元）年九月十二日。当時は「信号待ちのプロポーズ」が話題になった。

人物像の紹介は、

「紀子嬢は、幼児から八年間にわたる欧米での生活経験から、英語に堪能で、海外に知己も多く、国際感覚を身につけた健康で明るいお嬢さんでございますが、同時に、清楚、かつ、しとやかな日本女性の特性を併せもっておられる方でございます」

人物像の説明は四行で終わっている。少し足りないと考えたのか、趣味の紹介の後に「また、和服もよくお似合いになる方でございます」と付け加えている。議長は海部俊樹《かいふとしき》首相。議事は十五分だった。

雅子さん、紀子さんに共通しているのは語学、海外の知己、国際感覚、「しとやか」。雅子さんは学業成績についての紹介が多く、紀子さんは「健康で明るい」「清楚」という人柄と「和服もよくお似合い」といった容姿の紹介が主で興味深い。

「ミッチー・ブーム」のときは

では、皇太子との結婚では先例に当たる正田美智子さんの場合はどうだったのか。皇室会議が開かれたのは一九五八（昭和三十三）年十一月二十七日。議長は岸信介《きしのぶすけ》首相だった。議事録の一枚目に、雅子さん、紀子さんのときはなかった「秘」の印が押されている。

会議では、宇佐美毅《うさみみたけし》宮内庁長官の議案説明の後、議長から発言があった。

「世間では、正田美智子さんの宗教のことに関連して誤解のふしがあるように思われます」

美智子さんはこの年、ベルギーで開かれた聖心女学院卒業生の世界会議に日本代表として出席している。出席の趣旨と信仰についての確認だった。

宇佐美長官は、

「世間では、このたびの皇太子殿下の御婚姻について、カトリック関係の人々が策動したのではないかとのうわさがありますが、事実無根であります」

などと述べ、力を入れて懸念を打ち消している。

議案説明の要旨によると、説明は選考の方針から始まっている。

「皇室の伝統と将来皇太子妃の国内国際間の御活動が繁多かつ重要となることを考え、御本人の健康、学業、人格、容姿等万般について優秀であることは勿論、家柄、親族、血統等についても支障なきを期して調査を続けてきた」

「皇太子妃としての御身位にかんがみ、まず、皇族、旧皇族及び旧華族の範囲で銓衡《せんこう》することが至当であるが、同時に御近親間の御結婚はなるべく避けたいと考えた」

「選定の範囲を拡げざるを得ざるに至ったが、どんな家庭の人であってもよいというものでなく、妃たるべき御本人がすぐれていることはもとより、家系が明かで、現代日本の立派な、良識のある、清潔な家庭の人でなくてはならぬ」

きわめてていねいに、「いわゆる臣下」から皇太子妃を選んだ事情を説明している。この間、説明要旨には「民間」の言葉は一回も出てきていない。

人物像紹介の部分は、議事録では要約になっている。

「美智子嬢については、聖心女学院在学中は成績優秀で自治会の会長もつとめられた」

「頭脳明晰、落ち着いた温良な方で、思いやりも深く、人望のある方である」

「聖心女学院はカトリックの学校であるが、御本人は洗礼を受けておられない。したがって、皇室の祭祀には支障がない」

人物像として、語学、海外の知己、国際感覚などへの言及はない。「頭脳明晰」「落ち着いた」「温良な」「思いやりも深く」「人望のある」など、資質や人柄についての描写が中心になっている。なぜ旧皇族・旧華族からではないのか。なぜ「民間」からなのか。そうした疑問に負けない、だれもが納得できる説明が求められた。それが美智子さんの資質、人柄だった。

皇室会議終了後、岸首相は談話を出した。

「美智子嬢は、たぐいまれな立派なお人柄の方であり、新しい日本の皇太子妃となられるにはまことにふさわしい方でありまして、喜びにたえません」

朝日新聞の首相談話の見出しは「立派な人柄」だった。美智子さんの「人柄」を前面に出す政府、宮内庁の方針が、「ミッチー・ブーム」を後押しすることになった。

報道自粛の解除

一九九三（平成五）年一月六日午後八時四十五分。

すべてのテレビが放送中の番組を突然打ち切り、緊急特別番組に移行した。「皇太子妃に小和田雅子さんが内定」との速報だった。

新聞社は六日夜に号外を出し、一月七日付の朝刊から報道を始めた。海外メディアが報じたことを受け、日本新聞協会は六日夜、「報道自粛の申し合わせ」を解除することを決め、宮内庁に通告した。

この段階では宮内庁からの発表はない。各社の報道内容は、自粛期間中の蓄積によって決まった。朝日新聞の七日付朝刊は一面の記事のほか、二面に政財界の祝福の声、三面に選考経緯、四面と五面に二人の歩みとグラフ、経済面に「〝ご成婚景気〟に期待」の記事、社会面が見開き展開と、大々的な報道になっている。

ただ、一面の雅子さんのコメントには「まだ決まっていません／申し上げることは……」との見出しが付いている。皇室会議はまだ先であり、「正式決定ではない」との意識がかすかにブレーキになっていた。

婚約報道の第二段階は十九日の皇室会議から始まる。一月七日以降、朝日新聞の紙面は無理をしてでも話題をつなごうとする作りかたにはなっていない。十五日の夜には「釧路・八戸で震度6」の大地震があった。十八日付の朝刊は「米、イラクを再攻撃」の記事が一面の大半を占め、湾岸戦争後のイラク情勢が泥沼化しているようすを伝えている。

雅子さんの場合、皇室会議の前に報道自粛申し合わせの解除があり、婚約報道が二つの山にわかれた。読者の側からすれば、印象は最初の山のほうが強い。しかし、初報の段階は「正式決定ではない」との留保がある。報道自粛の解除にともなう婚約報道の突発的な始まりによって、抑制を含んだ展開となり、その後の雅子妃をめぐる論調の下地となった。

「均衡点」と「亀裂」と

雅子妃の長期療養が始まって十年あまりが過ぎた二〇一三年三月、宗教学者で評論家の山折哲《やまおりてつ》雄《お》氏の論考「皇太子殿下、ご退位なさいませ」が月刊誌『新潮45』に掲載され、話題となった。皇太子の「人格否定発言」(〇四年五月)以降、雅子妃の体調は戻らず、天皇家内での意思の疎通が懸念される状況にあることを指摘し、

「皇太子さまと雅子さまは愛子さまとともに、いわば第二の人生を選ばれてもいい時期に際会しているのではないだろうか。

皇太子さまによる『退位宣言』である」

と書いた。皇太子一家は「緑したたるなだらかな山々に囲まれた美しい都」京都に移り住み、

秋篠宮に「譲位」するとの論旨だった。

この間、「宮内庁が皇太子の離婚を検討」などと書いた週刊誌もあった。療養のための私的な外出を「わがまま」と断ずるメディアと雅子妃をかばいつづける皇太子。そんな二人にたいする苛立ちが論考の背景にある。もとより、皇太子の「退位」に現実味があるわけではない。だが、提言が前提とした皇室観、天皇観は示唆に富んでいる。

山折氏は皇位継承の場面での「天皇霊」という霊威（カリスマ）の継承に注目し、血縁原理とカリスマ原理を「王権を支える重要な理念的な柱」と位置づけた。「象徴天皇制の歴史を考える場合、血縁原理とカリスマ原理の二つの要因を前提にしなければならない」との主張だった。山折氏は、象徴天皇制にあっても「王権の正統性は宮中祭祀にもとづく『象徴儀礼』によって保証されていた」と続ける。その一方で、これからの天皇制のありかたを考える論点として提示したのが、戦後民主主義と象徴天皇制の均衡点であり、「皇室における『象徴家族』の性格と民主主義的な『近代家族』の性格にかかわる問題」だった。そこから、皇太子は「近代家族」の側に振れすぎているのではないか、との指摘が出てくる。

山折氏の論考を受けて、京都大学教授（当時）の佐伯啓思《さえきけいし》氏は『新潮45』（一三年四月号）に「反・幸福論　『皇太子殿下、ご退位なさいませ』が炙り出したもの」を発表。歴史のなかの天皇制の基本構造のひとつに「聖性」とのかかわりがあると指摘し、

「戦後民主主義が否定したのは、何よりもまずこの聖性でした」

「聖性が天皇の『公』性の源泉にならないとすれば、その『公』性の源泉は何か。それが『国民』なのです」

と書いた。佐伯氏はそこに「戦後民主主義と天皇制の間の亀裂」を見る。「均衡点」を考える山折氏と「亀裂」の佐伯氏。象徴天皇制の権威はなにによって成りたつのか、との考察には相通じるものがある。

弱さを認めることで

では、国民によって長く語られる「物語」をもちえなかった皇太子夫妻が天皇皇后になるとき、二人を支えるものはなんなのか。いずれ天皇皇后「である」というだけでは支えにならない時代がくると考える必要がある。

皇太子は次の代を担う抱負として「国民の中に入っていく皇室」を掲げている。「開かれた皇室」をさらに推し進めた考えかたといえる。入っていくことで国民とのあいだにどんな関係性を構築しようとするのか。見えない部分があるものの、ひとつのアプローチではある。

格差社会となり「分断」がいわれる困難な時代に、国民との関係を築かなければならない。即位にあたって、あるいは即位後の早い時期に国民に説明できるよう、宮内庁を含めてしっかりと議論をしておく必要がある。一方で、平成が終わる時点で十五年を超える雅子妃の長期療養は、疾患を克服しようとする折れない心の発露ということができる。

自分は弱いと認め、その弱さを克服しようとする姿は、雅子皇后の「物語」になりうる。宮内庁が新皇后の病状をありのままに国民に説明することが出発点になるだろう。そのうえで、公務を万全にこなせないこと、私的活動が増えることに理解を求めるだけでなく、新皇后がなにに苦しんでいるのか、どのように闘っているかを説明する。それが、国民の信頼と信任を得るもうひとつの道となる。

2 「見捨てられた場所」へ

機会は生かされなかった

徳仁皇太子と雅子さんの結婚は、戦後史に残る公害事件である水俣病の問題を根本から問いなおすきっかけになりえた。だが、一年近くに及んだメディアの沈黙によって、その機会も生かされなかった。

戦後の高度経済成長期、この国はなにを優先し、なにを犠牲にしたのか。チッソという一企業が起こした公害事件ではあっても、背後には国の政策があり、大衆消費社会の肥大する欲求がある。では、宮内庁は事案のどこを見たのか。その検証は水俣病問題の背景と本質をめぐる議論につながりえた。

しかし、婚約から結婚にかけた過程でも、報道機関の目が水俣に向くことはなく、水俣病をめぐる世のなかの認識が深まることもなかった。朝日新聞のこの間の報道をふりかえっても、皇太子の結婚に結びつけて水俣病の問題を正面から論じた記事はない。

担当記者としていえば、仮に江頭豊氏になんらかの責任があったとして、それが皇太子妃の適否につながるのだろうかという思いがあった。患者の側に被害感情があるのは理解できる。国の対応にたいする不信や憤懣が皇太子夫妻に向かう可能性は、当時で言えば、なくはなかった。だが、それと皇太子妃として受け入れるかどうかは別問題に思えた。日々、新たに起きてくる事象を追いかけることに重きを置くニュース報道にとって、足を止めて目を凝らすことは得意な領域ではない。そんな事情もあった。それらすべてを踏まえた上で、水俣病にもっと目を向けるべきだったと、自省をこめていま考えている。

「水俣という場所は、見捨てられたんですね」

二〇一三（平成二十五）年十月二十七日、明仁天皇と美智子皇后は水俣市を訪問した。天皇皇后として初めてのことである。熊本市で豊かな海づくり大会の式典があり、水俣市では稚魚の放流行事がおこなわれた。すでに一九九七年七月には、熊本県知事による水俣湾の「安全宣言」も出されている。

日程の途中で異例のできごとがあった。水俣湾に面した小高い丘の上に建つ市立水俣病資料館。水俣病の歴史を説明する島田《しまだ》竜守《たつもり》館長（当時）に天皇が不意にことばをかけた。

「水俣という場所は、見捨てられたんですね」

思いがけず明仁天皇の口から出た厳しい語感のことばは、近くにいた人たちを固まらせた。それは質問というより念を押しているように聞こえた。

仮に、見捨てたのが国家である場合、象徴たる天皇は見捨てた側に立つことになる。見捨てたのが国民であったとしても事情は変わらない。「そうです」と答えれば、当の天皇を糾弾することにもなりうる。答えに窮する、きわどい問いかけといえた。

発言から四年あまりが過ぎた二〇一八年四月、西日本新聞がそのできごとを報じた。

やりとりのようすを記事は、

「陛下の問い掛けに、島田さんは言葉を詰まらせた。背後には国や県の関係者がずらりと控えてもいた。答えに窮した島田さんに、陛下は繰り返した。

『水俣は、見捨てられたんですね』

けっして事実をあいまいにしない明仁天皇の姿勢がよくあらわれている。記事は続く。

「水俣病問題の核心を突く陛下の言葉だった。59年、熊本大医学部の研究班が水俣病の原因をチッソの工場排水による有機水銀と突き止め、チッソもネコを使った実験で把握していた。それでも、原因確定まで9年が費やされた。
『はい、そうです』。ためらいつつ、島田さんはそう答えた」（西日本新聞、四月二日付朝刊）

歴史認識の確認、体験への共感

島田氏の説明は、一九五六（昭和三十一）年五月一日の水俣病公式確認に始まり、六八（昭和四十三）年九月に政府が遅ればせながらチッソによる公害と正式認定するまで、約十二年の事実経過が中心だった。明仁天皇の厳しいことばが、その間のいずれかの動きを踏まえてのものなのか、公式確認以降の動き全体を指してのものなのか、手がかりはない。あるいは水俣を誰かが見捨てたと考えての発言なのか。それをうかがわせる前後の脈絡もない。そう考えるとき、明仁天皇の真意は水俣病について「告発」する趣旨ではなかったように思えてくる。

明仁天皇の意図はむしろ、歴史認識の確認にあったのではないだろうか。水俣で起きた悲惨な公害病の実態をつぶさに知る地元の人間だからこそ語れる歴史認識がある。天皇はそれを地元の人間の口から聞いておきたかった。明仁天皇は水俣病の歴史認識を「見捨てられた」の一言にこめ、確認を求めた。そう考えるのが自然なように思える。

水俣で暮らし、奇病の発生や患者の苦しみを見てきた者が、実体験に根差した歴史認識を肉声で語る。天皇はそれを聞き、現場における歴史認識として自分のなかに取りこむ。それが天皇としての共感であり、天皇としての水俣病との向き合いかたになる。明仁天皇の問いかけとその場のようすをたどりなおすとき、そんな構図が浮かびあがってくる。

西日本新聞のインタビューに島田氏は、宮内庁との打ち合わせのなかで、「機会があればぜひ、水俣に行きたいと思っていた」「胎児性患者たちと皇太子の年齢が近く、水俣病は身近な問題と感じる部分があった」との明仁天皇の思いを伝え聞いたと明かしている。この国で起きたことを自分の身に引きつけようとする。明仁天皇の信念がそこにある。

許すということ

明仁天皇と美智子皇后の水俣訪問の十八日前、十月九日に水俣市で「水銀に関する水俣条約外交会議」の開会式が催された。水銀の使用や鉱山産出などを規制する条約を採択し、署名するための外交会議。その準備会合が熊本市で始まっている。この日、参加国の代表らが水俣病の発生地を訪ねて開会式典を開き、意義を確認した上で条約を採択するはこびだった。

式典であいさつに立った市立水俣病資料館「語り部の会」会長の緒方正実《おがたまさみ》氏は、一家を襲った水俣病の悲劇について語り、水俣病に翻弄された自身の人生を語り、許すということについて語った。

「現在では、水俣病は、伝染しない、遺伝もしないと言われていますが、発生当時は症状を発病した人やその家族に対して差別や偏見がありました。重大な過ちを起こした原因者がいるにもかかわらず、被害に遭った私たちに対して差別の矢は向けられていました。伝染病だ。汚い。患者が出た家には行くな。被害者が出た家族から嫁はもらうな、などと噂されたそうです」

緒方氏が直面したのは、病の苦しみだけではなかった。そうした体験と粘り強い闘いを経て、思うようになる。

「水俣病の被害者としてこの世に生まれてさまざまな出来事と出合い、そして闘い、被害に遭ってから五十年目にして二〇〇七年に患者として認定を受けました。同時に原因企業のチッソ株式会社から謝罪を受けました。さらに、私を五十年間見捨て、放置した熊本県知事からも謝罪を受けました」

「私は、ある意味、突き付けられた思いの中にいます。許すのか、それとも一生許さないのか。今度は私が謝罪に対してどう答えを出すかだと思っています」

「私は現在、原因企業のチッソや行政の努力に加え、自分自身の必死の努力でチッソ、拡大を防止できなかった国、熊本県行政を許すことができるようなそんな思いの中に私はいます」

苦しみぬいたのちにたどり着いた、心のありかだった。

緒方氏以外にも「チッソを許す」と考えはじめた患者がいる。作家の石牟礼道子氏がエッセイ集『花の億土へ』で紹介している。

「患者さんの杉本栄子さんと緒方正人さんからいろいろうかがううちに、あるとき『私たちはもうチッソを許します』というお言葉が出てきました。私はハッとして『それはどういう意味でしょうか』と申し上げましたら、『いままで仇ばとらんばと思ってきたけれども、人を憎むということは、体にも心にもようない。私たちは助からない病人で、これまでいろいろいじわるをされたり、差別をされたり、さんざん辱められてきた。それで許しますというふうに考えれば、このうえ人を憎むという苦しみが少しでもとれるんじゃないか。それで全部引き受けます、私たちが』と」

「あの人がけしからんとか思っているんだけれども、それを潔く引き受けることにした。自分たちが背負いなおすことにした。そうすると憎まなくてもいい。むずかしいけれども、許すことにしましたって」

そう言えるようになるまでにどれほどの葛藤があったのだろう。

異例の「おことば」

二〇〇八年二月に六十九歳で亡くなった杉本さんは、水俣病の「語り部」として活動していた。子どもたちに語りかけた体験談がある。

杉本家は地元でも有力な網元だった。だが、母が発病して人は離れる。漁に使う木舟は港につないであった。雨が降ったときは、水を汲み出しに行く。そうしなければ舟は沈んでしまう。水を汲み出しに行くと、夜中でも石が飛んできた。

そんなとき、杉本さんの父は言った。

「人様は変えられないから自分が変わろう。人様の悪口は言わないで、昔はあの人は良か人だったぞ、ここまで来れたのも村の人のおかげだったぞ、って。こらえていこい」

　そして、「仕返しをしたい」とくりかえす娘に向かって父はこんこんと諭す。

「それを知ったからには、人様にはするなって。ほっとして死のわい、って。雨戸しめきって父の言葉を聞いてれば私はほっとだった」

「ほっと」は心穏やかに、くらいの意味だろうか。いまどんなにつらくても、おおらかな心で生きようという父のメッセージは、杉本さんの心の奥に染みこみ、長く人生の指針になった。

「むずかしいけれども、許すことにしました」

　もちろん、「決して許さない」という患者もいる。物言えず苦しみつづけて還暦に達した胎児性水俣病の患者たちもいる。一概には言えない。それでも、一部に芽生えた「もう許す」との思い。同じ地平に明仁天皇の問いかけ「見捨てられたのですね」がある。

「水銀に関する水俣条約外交会議」の開会式であいさつした緒方正実氏は、水俣を初訪問した明仁天皇と美智子皇后に「語り部」として対面し、体験談を語っている。緒方氏が語りたかったのは「正直に生きることがどれだけ人間にとって大切か」。みずからがたどり着いた人生の真理だった。話にじっと耳を傾けていた明仁天皇が、話し終わった緒方氏に語りかける。まったく予定にない異例の「おことば」になった。

「ほんとうにお気持ち、察するに余りあると思っています。やはり真実に生きるということができる社会を、みんなでつくっていきたいものだとあらためて思いました」

「今後の日本が、自分が正しくあることができる社会になっていく、そうなればと思っています。みながその方向に向かって進んでいけることを願っています」

現地に足を運び、そこで生きた人の肉声に触れることがもたらす深い交感がここにある。

夢は遠かった

「チッソ水俣病患者連盟」の委員長を務め、未認定患者の掘り起こしや患者救済に尽くした川本《かわもと》輝夫《てるお》氏にとって皇室は特別な存在だった。昭和から平成への代替わり直後、天皇にあてて「請願」を出すことを思いつき、書状にしたためている。

一、添付資料一の実現方について、政府に対し人道上、人権上の問題として御提言をしていただくこと。

二、天皇の御名代として、水俣病発生地域の実情視察に皇太子あるいは、秋篠宮か常陸宮にお出でいただくこと。

右請願する。

請願の日付を「平成二年九月二十六日」としている。政府が水俣病をチッソによる公害と認定したのが一九六八年の九月二十六日だった。

川本氏は、どうやって闘うかを探しつづけた人だ。法律書を読み漁っていて、請願法第三条の「天皇に対する請願書は、内閣にこれを提出しなければならない」との条文に目がとまる。どう読んでも、天皇への請願がありうると読めた。「そうか！」となった。下書きを書いて同志に示したものが残っている。だが、周囲に止められて思いとどまったという。ちなみに、この時点で皇太子は雅子さんとの再会を果たしていない。

川本氏は、この国の目を水俣に向けさせたかったのではないだろうか。請願の第一項がありえないことは承知していたはずだ。真の意図は第二項にあったと考えられる。皇族が水俣を訪れることで国の目が向けば。あるいは川本氏は、「国民の統合」という象徴天皇の姿に、水俣病をめぐる分断と差別の克服を重ね合わせていたのかもしれない。

だが、川本氏の夢は遠かった。天皇家の一員として初めて水俣を訪れたのは秋篠宮夫妻で九九年の九月。熊本夏季国体のため熊本に滞在中のことだった。川本氏はこの年の二月に病没している。秋篠宮夫妻は市立水俣病資料館を視察して語り部六人と対面し、鎮魂のモニュメント「水俣メモリアル」に献花した。その姿を川本氏が目にすることはなかった。

旅をする必要

では、結婚によってチッソとのかかわりができた徳仁皇太子は、次代の天皇として水俣とどう向き合えばいいのだろう。

一方で、皇后となる雅子妃にとって水俣は祖父、江頭豊氏がチッソの社長として患者宅の謝罪行脚をした土地でもある。チッソ水俣工場で働いていた社員だけでなく、患者や家族にも江頭氏を覚えている人がいておかしくない。

厳しい視線もありうる。水俣を訪ねることになれば、「なぜ、こんなにも時間がかかったのか」という問いにも答えなければならない。私的な感慨と皇后としての対応を切りわける必要もある。象徴天皇とともにある皇后として、どう向き合うのかが問われる。

新天皇の原点となるべき「おことば」がある。父明仁天皇が二〇一六年八月八日、国民に向けて退位の意向を間接的に述べた。そのなかで明仁天皇は象徴としての役割に触れ、「常に国民と共にある自覚を自らの内に育てる必要」を語った。そのために「天皇の象徴的行為」として「日本の各地、とりわけ遠隔の地や島々への旅」を続けたという。「その地域を愛し、その共同体を地道に支える市井の人々」に接し、そうした人びとが国内のどこにもいると認識できたことが人びとへの深い信頼と敬愛を生み、それが「国民を思い、国民のために祈るという務め」を果たす力になったと述べている。

「天皇の象徴的行為」は「象徴であるための行為」とも読み解ける。であるならば、新天皇と皇后も旅をする必要がある。地域を愛し、共同体を支える市井の人びとは、各地と同じように水俣にもいる。水俣を訪ね、向き合い、耳を傾ける。二〇一三年十月に父と母がしたように。「国民と共にある」天皇皇后として、その一歩は欠くことができない。

3 新しい時代の天皇皇后として

紀宮の指摘

平成皇室の本質は「祈り」という表現に凝縮している。上皇后となる美智子皇后の「皇室は祈りでありたい」という言葉がよく知られる。そのイメージは、大災害が続いた時期だったからこそ、被災地を訪ね、膝をついて語りかける姿を通して多くの人に受け入れられた。

見すごされがちだが、「祈り」には語られていない側面がある。「皇室は祈り」の核心は、天皇、皇族は目の前で苦しむ人を自分の手で助けることはできないという、象徴天皇制の根幹にかかわる自己認識に根差している。政治的な権能をもたない天皇、皇族は、困難に直面する人たちを救うための政策提言はできない。経済活動もできない。じかに手を差し伸べることが許されない天皇、皇族だからこそ、祈る。力をこめて祈る。そんな側面がある。

「実際的な権能はもたない」という制度設計は、目の前に現に苦しむ人がいるとき、絶望に近い思いとなる。なにかをしてあげるという人間的な行為を禁じられた身。魂の極北ともいえる場所から発したことばが、「祈りでありたい」だった。

平成の天皇皇后を側にいて支えた長女・紀宮が、父天皇と母皇后の姿について触れたみずみずしい文章がある。結婚前の二〇〇三（平成十五）年四月、誕生日に際して発表した。

「私たち子供たちは、両陛下から、何か家訓のように皇室のあり方について教えられたことは一度もなかったのではないかと記憶しています」

「お祭りや行事は、もしそれが、義務だとのみ受け取っていたならば、難しさを感じていたこともあったかもしれませんが、皇后さまがそれぞれに意義を見出され、喜びを持ってなさるご様子を拝見して育ったことは、私を自然にそれらのお務めに親しませたように思われ、恵まれた事だったと感じています」

そこから深い理解へと至る。

「皇后さまがこれまで体現なさってこられた『皇族のあり方』の中で、私が深く心に留めているものは、『皇室は祈りでありたい』という言葉であり、『心を寄せ続ける』という変わらないご姿勢です」

「戦争や災害犠牲者の遺族、被災者、海外各国の日本人移住者、訪れられた施設の人々などに対しては、その一時にとどまらず、ずっとお心を寄せ続けられ、その人々の健康や幸せを祈っておられます。良きことを祈りつつ、様々な物事の行く末を見守るという姿勢は皇室の伝統でもあると思います」

側近くで見つめ、感性豊かに接したからこそ語れる姿といえる。

模索と到達点

二〇一八(平成三十)年十月、美智子皇后は平成の天皇の生きかたについて、結婚当時をふりかえりながらつづった。

「振り返りますとあの御成婚の日以来今日まで、どのような時にもお立場としての義務は最優先であり、私事はそれに次ぐもの、というその時に伺ったお言葉のままに、陛下はこの六十年に近い年月を過ごしていらっしゃいました。義務を一つ一つ果たしつつ、次第に国と国民への信頼と敬愛を深めていかれる御様子をお近くで感じとると共に、新憲法で定められた『象徴』(皇太子時代は将来の『象徴』)のお立場をいかに生きるかを模索し続ける御姿を見上げつつ過ごした日々を、今深い感慨と共に思い起こしています」

誠実に務めを果たしながら、象徴としての立場をいかに生きるか、日々模索しつづける明仁天皇の、若き日の姿が浮かんでくる。

上皇となる明仁天皇自身、一六年八月の退位の意向を示唆する「おことば」のなかで、揺るぎない思いとともに述べている。

「即位以来、私は国事行為を行うと共に、日本国憲法下で象徴と位置づけられた天皇の望ましい在り方を、日々模索しつつ過ごして来ました」

そして、天皇としてなにをしてきたかを語る。

「私はこれまで天皇の務めとして、何よりもまず国民の安寧と幸せを祈ることを大切に考えて来ましたが、同時に事にあたっては、時として人々の傍らに立ち、その声に耳を傾け、思いに寄り添うことも大切なことと考えて来ました」

ここで語っている「国民の安寧と幸せを祈る」は「皇室は祈りでありたい」の「祈り」とは異なる。言葉本来の「祈り」と考えていい。後段の「同時に事にあたっては」以下は、「皇室は祈りでありたい」の精神性を帯びつつ、「傍らに立」つという行動をともなう。「事にあたっては」の簡潔な表現にこめた、「国民になにかあったときは」の強い思い。「そこに行くのだ」という決然とした態度が、平成の天皇皇后の到達点を示している。

二人を突き動かしているもの

話は少しわき道にそれる。

明仁天皇はなぜ被災地に足を向けるようになったのだろう。最初は災害で苦しむ人たちの側にいたいという純粋な思いからだったように思える。

即位後の最初の災害は、長崎県・雲仙普賢岳《うんぜんふげんだけ》の噴火だった。一九九〇（平成二）年十一月十七日、「即位の礼」の五日後に噴火し、翌九一年六月三日の大火砕流によって四十三人の死者・行方不明者を出した。島原市の避難所などを見舞ったのは七月十日。いま起きている災害だからこそ現地に入るという「被災体験の共有」にたいする強いこだわりがあらわれている。

　災害の渦中に飛びこむという態度は、九三年七月十二日夜に発生した北海道南西沖地震でも示される。津波に襲われた奥尻島《おくしりとう》を訪ねたのは震災から十五日後の七月二十七日だった。続いて九五年一月十七日早朝の阪神・淡路大震災。明けはじめた神戸の空に火災の煙が幾筋も立ち昇り、足元から倒れた高速道路やビルの映像は衝撃だった。被災地に入ったのは二週間後の一月三十一日。兵庫県西宮《にしのみや》市、芦屋《あしや》市、神戸市東灘《ひがしなだ》区、長田《ながた》区から北淡町《ほくだんちょう》（現淡路市）へと一日でまわり、被災者を見舞った。

　被災者の側へという動きは、二〇〇四年十月二十三日の新潟県中越地震、〇七年七月十六日の中越沖地震と続く。一一年三月十一日の東日本大震災では、大地震と大津波に東京電力福島第一原子力発電所の事故が重なった。深刻な事態だからこそ、平成の天皇皇后は寄り添う。三月三十日に避難所になっていた東京都足立区の東京武道館、四月八日に福島県双葉町《ふたばまち》の避難者が役場ごと入っていた埼玉県加須《かぞ》市の旧騎西高校を見舞っている。四月十四日は房総半島・九十九里浜の被災地に入り、同二十二日に福島県にも近い茨城県北茨城市へと向かう。

　東北三県に入ったのは四月二十七日。空路も含めて交通網が復旧しておらず、自衛隊機とヘリを乗り継いで宮城県南三陸町《みなみさんりくちょう》と仙台市の被災地に足を下ろした。この後、五月六日には岩手県釜石《かまいし》市と宮古市の避難所をまわり、余震におびえる人たちを励ましている。

　混乱が続く被災地を天皇皇后が訪ねることは、地元自治体の職員や警察官、自衛隊員など災害対応にあたる人たちにも負担になる。それは明仁天皇と美智子皇后も承知している。

二人を突き動かしているのは、そうすることが象徴天皇と皇后の「務め」であるとの認識にほかならない。負担になる心苦しさと、それを越えてみずからを動かす使命感があり、その先に天皇皇后の見舞いを受けた被災者たちの感激がある。災害直後の被災地訪問を重ねるうち、「側にいたい」との思いが「務めである」との確信になったように見える。

迎える側の準備

二〇一八年六月十日に明仁天皇と美智子皇后を迎えた福島県が、準備段階からの資料を公開している。福島県南相馬市を式典会場にした第六十九回全国植樹祭の詳細な記録だ。それによると、第一回の準備委員会が開かれたのは四年五ヵ月前の一四年一月。まだ開催地が決まっていない段階で、学識経験者や林業、漁業の代表らが「両陛下が来られるし、セキュリティなど総合的に判断し、厳正、公平に然るべき場所を選定すべきだ」などの意見を交わしている。

会場整備計画、運営計画、宿泊・輸送計画などを含む「基本計画」が固まるのが一七年二月。天皇皇后の着席、黙禱を含む式典の流れが固まったのは、この年の十二月。実行委員会幹事会で概要が決まり、了承された。式典会場は津波の被災地であり、放射能によって一度は汚染された土地でもある。天皇皇后になにを見てもらい、なにを知ってもらうのか。たくさんの議論が交わされ、その積み重ねの結果としての式典となった。

福島県での全国植樹祭はサテライト会場も含めて二万二千人が参加した。豊かな海づくり大会と並んで、毎年、各都道府県を会場に開かれる行事であり、必要ならば前年の開催地に全体の流れなどの参考資料がある。それでも準備に四年以上をかけている。天皇皇后が出席する行事を全国の自治体がいかに重く見ているかが伝わってくる。

「みずからの責」

大規模災害時。災害対応に追われる被災自治体に「二週間後に見舞いに行きたい」との連絡が宮内庁から入る。できるだけ早く被災地に入りたいとの、平成の天皇皇后の意向には、過去の天皇の事跡を踏まえた特別な思いがあるように思えてならない。

歴史学者で東京大学史料編纂所名誉教授の保立道久《ほたてみちひさ》氏は著書『歴史のなかの大地動乱』（岩波新書）で奈良・平安期の災害と天皇の行動をたどっている。保立氏によると、奈良時代の七三四（天平六《てんぴょう》）年四月、河内《かわち》・大和《やまと》を激しい地震が襲った。余震も長く続く大地震だった。地震の三ヵ月後、聖武《しょうむ》天皇は「恩赦ノ詔《みことのり》」を発する。

「このころ、天すこぶる異を見せ、地はあまた震動す。しばらく朕の訓導の明らかならざるによるか。民の多く罪に入るは、その責め、予一人にあり」

地震に加え、旱魃《かんばつ》や飢饉、疫病の流行などが重なっていた。恩赦という善政を施し、災いの責を一身に負うことで、民心の安定を期したと考えられる。

八一八年（弘仁《こうにん》九）七月には北関東内陸を震源とする大規模な地震が襲った。時の嵯峨《さが》天皇も聖武天皇にならって詔を発している。さらに八二七（天長《てんちょう》四）年七月以降、京都を群発地震が襲う。地震が収まらない状況に、淳和《じゅんな》天皇は八二八年六月、「責は朕の躬《み》にあり」などとする詔を発した。「躬」は「みずから」の意、責任はすべて天皇たる自分にあると言いきる詔だった。

災害をみずからの責任と宣言する歴代天皇の事跡は、皇室の伝統のなかにある。しかし、政治的権能を有しない象徴天皇であるかぎり、「みずからの責」と宣言することは容認されない。だからこそ「時として人々の傍らに立ち、その声に耳を傾け、思いに寄り添う」天皇であろうとする。それが、皇室の伝統を受け継ぎ、同時に象徴天皇でもあった明仁天皇の姿といえる。

市民社会的な家族観

ここまで平成の天皇皇后が築き上げた皇室観を見てきた。では、新天皇と雅子皇后はどんな皇室を築いていくのだろう。

新天皇となる徳仁親王は皇太子時代の二〇一八年二月、「皇室の長く続いた伝統を継承しながら、現行憲法で規定されている『象徴』としての天皇の役割をしっかりと果たしていくことが大切」「象徴としての在り方を求めていく中で、社会の変化に応じた形でそれに対応した務めを考え、行動していくことも、その時代の皇室の役割」

と述べている。父母たる平成の天皇皇后の精神は受け継ぐとの姿勢といえる。ならば、変化の要素はないのだろうか。

近年、くりかえし使う言いかたとして、「こうした考えについては、日頃から雅子とも話し合っており……」がある。「私のこうした思いについては、日頃から雅子とも話をしてきており……」と述べることもある。結婚にあたっての約束、「私が一生全力でお守りします」を引き合いに出すまでもない。

新天皇はこれまでしてきたように誠実に妻と娘に向き合い、家族で支え合っていこうと考えるはずだ。雅子皇后の療養が続けば、天皇の動きもそれを踏まえたものになる。家族を守るのが人としてのあるべき姿と考え、最大限の努力で守るのではないか。したがって、「平成」の後に続く皇室は、市民社会的な家族観をもちこんだ新たな姿を見せるようになると考えられる。

「統合力」の保障はなににによるのか

明仁天皇と美智子皇后が皇太子夫妻だった当時、皇室に「家族」をもちこんだと評された。守旧派はそれを嘆き、批判し、多くの国民は新しい皇室として歓迎した。

しかし、よく見ると、皇太子ないし将来の象徴としての務めがなによりも重んじられ、その範囲内での家族だった。二人の立脚点が、嘆きや批判をはね返す力になった。

その「新しい皇室」で育った徳仁親王は皇太子時代、時としてみずからの家族を務めと同等のものとして扱う傾向が見受けられた。「約束を守る」「家族に寄り添う」など、人間としての価値観を重視する姿勢ともいえる。そうした意味で、徳仁天皇と雅子皇后が築く皇室の最大の特徴は、「人間の顔をした皇室」となる可能性が大きい。

「家族主義の天皇」の誕生ということもできる。ではそのとき、国民統合の象徴としての「統合力」は、なにによって保障されるのだろう。

古代から連綿と続く天皇家の当主であるということのほかに、なにを以て国の象徴となるのか。人としての価値観を天皇のありかたにもちこむとき、天皇制の基盤は弱まるのだということを相当の覚悟をもって認識する必要がある。

社会の変化もある。すでにこの国の三世帯に一世帯は「単身世帯」になっている。家族観の変化は著しい。そうした人たちに向けて「家族主義の天皇」の意義をどう伝えるのか。それは天皇としてみずからの家族意識をどう乗りこえるのかという問いにもつながる。

一方で国民の側も問われる。私たちはどんな天皇像を求めるのか、国民の側があらためて問いなおし、見きわめることも欠かせない。天皇皇后として宮内庁も巻きこんだ徹底した議論が求められることは言うまでもない。

皇室外交という「躓きの石」

徳仁天皇と雅子皇后による皇室を特徴づけるもうひとつの要素に「皇室外交」がある。雅子皇后のキャリアを生かし、「人格」を尊重する仕事として、外国訪問、外国交際がこれまで以上に重視されるだろう。新天皇は皇太子時代、「世界各国との相互理解を深めていくことも大切であると思いますので、国際親善や文化交流の面でもお役に立てればと思います」と述べている。

言うまでもなく、天皇皇后の外国訪問は内閣の助言と承認による。ここに新天皇皇后の「躓きの石」がある。「国際親善や文化交流の面でもお役に立てれば」との前向きな姿勢を受けて、政府内で外交の「切り札」論が高まる可能性は否定できない。

天皇皇后の意向が内閣における「皇室外交」への期待と響き合うとき、外交という政治の場の「役割」を期待される可能性は高まる。

それは訪問国の選びかたにとどまらない。晩餐会などでの「おことば」の中身にもかかわりうる。そして、言うまでもなく、政治の側に自制を期待するのは現実的ではない。ならば歯止めはどこに設ければいいのか。宮内庁、皇室の側がそうした動きを抑える意識を内在させる必要がある。無自覚な積極性はいつか、憲法が規定する象徴天皇制の変質につながる。自覚を欠いたまま踏みこんでしまうほど危うい道はない。

おわりに

堆積する時間

皇太子妃選びの報道自粛が決まった当時、私は宮内庁の記者クラブに所属していた。皇居内の宮内庁庁舎二階にある記者室に通う日々。緑豊かで空気が澄み、静けさが支配する皇居内にいて、始まってまもない平成皇室の動静を発信するのが仕事だった。

時間があるときは長官室や次長室、式部《しきぶ》官長《かんちょう》室などを訪ね、在室ならば気になっている事柄について尋ねる。機微に触れる問いに答えが返ってくることはない。それでも天皇の公的行為や皇室行事について知り、理解を深めるうえで、禅問答に近いやりとりは手がかりの宝庫だった。「奥」向きの話は侍従長室に行く。答えはなくても、侍従長の表情や声の調子で自分の考えがずれていないかチェックできた。教えを乞うような感覚は人生の先達がそろっている侍従控室でも同じだった。

宮内庁内を歩いていると、時間が止まっているような感覚に陥ることがある。もちろん時間は悠々と流れている。宮内庁三階の廊下から苔むした中庭を眺めていて、それに気づいた。時間はたしかに流れている。しかも、ここでは流れ去らない。流れ去らず、積み重なるようにそこにある。それがわかったとき、宮内庁と皇室の取材は過去から現在、そして「明日」へと至る時間をつながったものとして感じ取り、見通すことなのだと思い至った。この感覚が皇室担当としての私の仕事の原点になった。

「次の最重要課題」

この当時の日本社会は、バブル経済の崩壊によって冷や水を浴び、委縮していた。世界では一九八九（平成元）年十一月のベルリンの壁の崩壊のころから地殻変動が見えはじめたように思う。九一年一月、夜空を飛ぶ巡航ミサイルの映像で始まった「湾岸戦争」をはさみ、同年十二月のソ連崩壊へと続く。東西の力の均衡からアメリカ一強による新しい秩序へと、世界は構造的な変化を遂げようとしていた。

皇室においては、一九八八年（昭和六十三年）九月十九日から八九年一月七日まで、百十一日間の昭和天皇の闘病を経て、代が替わった。

大日本帝国憲法下、現人神《あらひとがみ》、大元帥として戦争の時代を生き、敗戦後は象徴という新たな天皇像に徹した昭和天皇から、米軍の空襲で一面の焼け野原となった東京の惨状を目に焼きつけ、新憲法をみずからの原点と思い定めて日本と世界の平和を希求する天皇へ。代替わりにともなう変化は、九〇年十一月の即位礼、大嘗祭を経て移行期を終え、新しいスタイルの構築期に入った。
そうした状況にあって、宮内庁の「次の最重要課題」となったのが皇太子の結婚だった。事情は担当記者も変わらない。だれが皇太子妃に決まるのか。新天皇の一挙手一投足から目を離さず、まったく同時並行で、水面下に隠れて見えない動きをつかむ。難度の高い取材が次の課題になった。

「裏部隊」

宮内庁の記者クラブに常駐するのは読売、毎日、日経、産経、東京、北海道と朝日の新聞七社、共同、時事の通信二社、NHK、日本テレビ、テレビ朝日、TBS、テレビ東京、フジのテレビ六社で計十五社。

昭和天皇の闘病中は記者会の会員登録が増え、会員数が約千人の「世界最大の記者クラブ」になっていた。多くがなにかあったときに皇居内に入れるよう「通行証」を確保しておくための登録だった。だが、昭和が終わるとともにそうした異変対応の必要性は乏しくなる。朝日新聞社の場合、代替わり後、登録者の数を大幅に減らすのと相前後して、社内にあった皇室取材班が皇太子のお妃選びに向けた特別取材チームになった。

「裏部隊」と呼ばれることもある特別取材チームは記者が数人、カメラマンが一人。日々の仕事はお妃候補になりうる女性のリストアップから始まる。そのうえで、実現可能性を見きわめながら周辺取材を進め、「気配」の有無を探ると同時に、話が進んだ場合に備えてデータや素材を集めるのが役割だった。

ときには、皇太子と会う可能性がある女性の訪問先（になると思われる場所）を遠巻きにして、動きの有無をひっそりと見守る作業が必要になる。皇太子が来る一日以上前に女性が訪問先に入り、皇太子が帰った翌日になって訪問先を出るようなこともある。取材チームのメンバーは目立たないよう、迷惑にならないよう気を配りながら交代で街角に立ち、早朝から深夜まで出入り口の人の動きに目を凝らした。

そうやって動きを確認したとして、どういう趣旨で会っていたのかはわからない。関係者に尋ねたとしても、状況が微妙になればなるほど答えは返ってこない。ならばなんのための行動確認なのか。そんな疑問を抱えながら街角に立つ日々だった。

発想が広がらず

宮内庁の記者クラブにいた私自身は、平日の日中は記者室に詰めて幹部の定例会見などに出席し、天皇皇后や皇太子の地方旅行があれば同行するのが常だった。

平成になってすぐの時期は同行取材での地方出張が多く、月の半分以上、東京を離れていた時期があった。たまたま東京にいて、行事や儀式がない週末や祝日は取材チームの一員として「張りこみ」に加わる。結果、一年のうち三百六十日ほどが勤務日という状態が皇太子と雅子さんの婚約内定まで続いた。

宮内庁の藤森昭一長官と宮尾盤《みやおいわお》次長が報道自粛の可能性を探るため、新聞社やテレビ局をまわりはじめたのはそんな時期にあたる。特別取材チームのメンバーも私も、ごくあたりまえに報道自粛はありえないと考えていた。宮内庁に協力するという以外にはっきりした目的がなく、なぜそうするのか報道機関としての理念も定かでない。報道自粛は健全ではない。いまふりかえると、そんな単純な発想での反対だったように思う。

ほとんど一年中働きづめの現場にいて、報道自粛がこの国の言論状況にどんな影響を及ぼすのかなど、視野を広げて考えようとしたことはなかった。当時はひたすら皇太子周辺の動きを追い、だれがお妃になるのか、いつ決まるのかだけを四六時中考えていた。

発想が目の前の動きからまったく広がっていない。目の前のできごとの奥にあるものを見ようとせず、奥にあるものの意味を伝える意識がない。ジャーナリストとして未熟だったといえる。と同時に、記者クラブに詰め、与えられた役割をそつなくこなすことを求められる境遇にそもそも限界があったともいえる。そのことは宮内庁を離れ、欧米の報道機関の記者たちと接する機会が増えてから自覚するようになった。

当時の判断

報道自粛の申し合わせが成立した直後、首相官邸からの一本の電話で事態が一変したことは取材の過程で知った。野球をやっていて突然ルールが変わり、これからはツーストライクでアウトにすると宣告されたようなものだと、聞いて思った。そしてそれ以降、事態の変化を前提に皇太子周辺の動きを見るようになった。

ルールの変更については、社会部の担当デスクに報告し、特別取材チームのメンバーにも伝えた。報道自粛に起因する予想外の状況の変化については、私たち以外に情報をつかんだ社はなかったように思う。そういう意味では「独自情報」だった。だが、婚約内定以降の紙面で、私は報道自粛に起因する動きについて記事にしていない。

当時は、だれに決まったかが最優先で伝える情報だった。雅子さんの生い立ちや人となり、キャリアなどは手厚く紙面に掲載している。次に伝えるべきポイントはどういう経緯で決まったかで、これは婚約内定を補足するストーリーとして紙面に載せた。婚約内定までの経過がわかり、宮内庁が結論を急いだようすが読み取れる記事になっている。

宮内庁は結論を急いだ。だが、そのことの背景や理由を伝えるサイドストーリーをさらに付け加える必要があるとは考えなかった。婚約内定という結果を見れば、「一年以内」との制約による実質的な影響はない。それが当時の判断だった。

ようやく見えてきたこと

一九九三年六月九日の皇太子と雅子さんの結婚の儀を見届けて、私は宮内庁を離れた。それ以降、記者として皇室取材に直接かかわったことはない。
だが、宮内庁を離れてからも「あの報道自粛はなんだったのか」という問いが消えることはなかった。

「報道自粛がもたらしたものはなんだったのか」

どんな仕事をしていても意識の裏側にその問いがあり、この四半世紀変わらず問いつづけてきた。そんな観点で皇室をめぐる動きも見守ってきた。

当時、書く意味があると思わなかったできごとについて考えつづけ、ようやく見えなかった意味が見えるようになったと、いまは思っている。

東日本大震災をきっかけに五人の歴史研究者と出会えたことは幸運だった。五人との共同作業を通して、歴史研究の手法や視点の定めかたなど多くを学んだ。

「生存の歴史学」を提唱し、生活者の日常を基に地域社会の近代を記述する大門正克《おおかどまさかつ》横浜国立大教授、地域経済学の視点で「人間性の復興」を説く岡田《おかだ》知弘《ともひろ》京都大教授、近代の東北論を検証する河西英通《かわにしひでみち》広島大教授、近代日本の地域医療の成り立ちにくわしい高岡裕之《たかおかひろゆき》関西学院大教授、災害で傷んだ郷土史料、生活資料の保全を訴える川内淳史《かわうちあつし》・歴史資料ネットワーク事務局長（肩書はいずれも当時）。

五人の研究者との議論の積み重ねが二〇一二年夏以降、宮城県気仙沼《けせんぬま》市、岩手県陸前高田《りくぜんたかた》市、福島市で開いた歴史フォーラムとなり、『「生存」の東北史』（大月書店）に結実した。そこで現地の声を聞き、さまざまな角度から東北の近代史をたどりなおしたことが、この国の近現代についてより深い理解を与えてくれた。

「生存の歴史学」とはどんな概念なのか。生活者の日常に入りこみ、生活のありかたを規定する社会的要因を照らし出してその変化を読み取る。生活者と社会、双方の連関を動的に再構築して歴史記述とする。たとえばそんな態度が「生存の歴史学」なのだと私は理解している。目に見える事象の奥にあるものに目を向け、微視的な視点で読み取る姿勢が報道においても有効だと考えるようになった。

私なりの結論は

この間、メディア状況は加速度的に変化を速め、新聞というオールドメディアのもち味と限界について、信頼される報道を成り立たせる条件について、考える機会が多くあった。

新聞について考えるうちに出版界の苦境について、この国の言論状況について考えるようになった。自分なりに考えつづけ、報道機関と多くの媒体が相互作用を重ねながら言論空間を形成するようすなど、見えてきたものは少なくない。いつのころからか、自分のなかで、「報道自粛がもたらしたもの」が像を結びはじめたように思う。

報道自粛の影響は、皇太子と雅子さんの結婚後、しばらくしてあらわれはじめたように感じる。雅子妃が体調を崩して以降、皇太子夫妻と宮内庁とのコミュニケーション不全が目につくようになり、そこにも報道自粛の影響が見えた。

結婚生活の質は、結婚が決まるまでのプロセスによってしばしば左右される。それがこの四半世紀、皇太子夫妻に起きたことを見ていてたどり着いた、私なりの結論だった。

報道の自粛を求めるなど、メディアを操作しようとする試みが思いもよらない事態を招くことも学んだ。情報メディアの操作がいかに危ういものであるか、歴史の教訓とする必要がある。

少し長めのあとがき

ここまで書き進めてきて、まもなく終わりを迎える平成という時代について、もう一度考えはじめている。

なんと言っても、この終わりかたがある。皇位の継承について皇室典範は「天皇が崩じたときは、皇嗣が、直ちに即位する」（第四条）とだけ定めている。現行の皇室制度において、「退位」による代替わりはそもそも想定されていない。にもかかわらず、明仁天皇の強い思いをきっかけに穴が開き、この終わりかたは実現した。意外なほど滑らかに代替わりに向けた手続きが進んでいるいま、平成という時代の後ろ髪を引き、その核心はなんだったのかと、尋ねてみたい思いにかられる。

二〇一九年の五月一日午前零時、代は替わる。だが、なんらかの物理的な終焉がそこにあるわけではない。駅伝のたすきリレーのように、天皇の身位は徳仁皇太子に渡り、皇后の身位は雅子妃が受け継ぐ。前走の明仁天皇と美智子皇后は、上皇上皇后となって、次走の走りを見守ることになる。

「退位」による代替わりが容認されたことで、日本社会は弔意と葬送の日々を経ずに新しい時代を迎えることになった。結果として、服喪による社会・経済活動の減速も停滞もなしに新天皇は即位し、悲しみを含まない清新な気持ちで歩みはじめることができる。それが明仁天皇の思い描いた望ましい代替わりの姿だった。

と同時に、退位による代替わりが実現したことで、国民の側が得たものがある。私たちは、退位する天皇自身がみずからの時代をふりかえり、それがなんだったかを語ることばに接するという、得がたい機会に恵まれた。

一八年十二月の明仁天皇の誕生日会見は、半年後の退位が決まっていたからこそ、しみじみと来しかたをふりかえる内容になった。そして、一九年二月二十四日に東京・国立劇場で開かれた政府主催の「御在位三十年記念式典」での「おことば」は、天皇としてどうしてもこれだけは語っておきたいという結晶のような言葉に満ちていた。

誕生日会見では、質問に答える明仁天皇の声を聴いていて、その思いの深さに驚かされた瞬間があった。

「平成が戦争のない時代として終わろうとしていることに、心から安堵しています」

「平和な時代」というのではなく、「戦争のない時代」という。聴いていて、不意に視界が開けるように、それこそが平成の時代を貫いたひとつの意志だったのだと、腑に落ちた気がした。もちろん、明仁天皇は折に触れて「平和」を口にしてきた。だが、その奥にあったのは、国の象徴であるみずからの使命として思い定めた「戦争をしてはいけない」だったのではないだろうか。

記念式典での「おことば」は、ときに声を上ずらせながらの朗読になった。それは思いを込めた「時代の総括」であり、国民に向けた最後のメッセージでもあった。

明仁天皇は冒頭、謝意を示しながら述べる。

「即位から三十年、こと多く過ぎた日々を振り返り、今日《こんにち》こうして国の内外の祝意に包まれ、このような日を迎えることを誠に感慨深く思います」

「こと多く」という修飾をそぎ落としたひとことが、天皇として引き受けてきたものがいかに重かったかを物語っている。そして続ける。

「平成の三十年間、日本は国民の平和を希求する強い意志に支えられ、近現代において初めて戦争を経験せぬ時代を持ちました」

これが第一の総括だった。

と同時に、ここに国民に向けたひとつめのメッセージ、「平和を希求する国民の強い意志がなければ、戦争がない時代は築けない」があるように思う。誕生日会見では「心から安堵」の表現だったものが、なにによってそれが達成できたかの分析になり、それをおおやけの場で確認することで国民に自覚をうながすメッセージとする。「みなさんの強い意志があったからこそ、戦争がない時代が築けたのです。これからもどうかその意志を持ちつづけるように」。そんな祈りが込められているように読み取れる。

そして、「おことば」の締めくくりとして用意されたエピソードは、「平成が始まって間もなく、皇后は感慨のこもった一首の歌を記しています」だった。


ともどもに平《たひ》らけき代《よ》を築かむと諸人《もろひと》のことば国うちに充《み》つ

明仁天皇が解説する。

「平成は昭和天皇の崩御と共に、深い悲しみに沈む諒闇《りょうあん》の中に歩みを始めました。そのような時でしたから、この歌にある『言葉』は、決して声高に語られたものではありませんでした」

「しかしこの頃、全国各地より寄せられた『私たちも皇室と共に平和な日本をつくっていく』という静かな中にも決意に満ちた言葉を、私どもは今も大切に心にとどめています」

天皇として広く国民に向けて語るのはこれが最後となる。その締めくくりにもう一度語る平和への決意。それが国民に向けたふたつめのメッセージになる。「平和な日本をつくっていくという『言葉』は、声高に語る必要はない。静かな中にも決意に満ちた言葉であればよい」。平成という時代がだれによって支えられたかを語りながら、その人たちの背中をそっと押しているようにみえる。

明仁天皇自身は、「戦争を経験せぬ時代」への道のりがなまやさしいものではなかったと感じているに違いない。自身が感じてきた危うさをにじませるように、冒頭の「平成の三十年間」の位置づけに続けて述べる。

「それはまた、決して平坦な時代ではなく、多くの予想せぬ困難に直面した時代でもありました」

「おことば」の構成としては、この後に続く「自然災害」や「高齢化、少子化による人口構造の変化」「過去に経験のない多くの社会現象」が「予想せぬ困難」にあたる。だが、よく聴いていると、それはあたかも戦争に向かいかねないと危惧した時々について語っているように思えてくる。

平成という時代を考えるとき、明仁天皇の強いこだわりが形となってあらわれた部分が数々あることに気づく。象徴天皇のありかたを抑制的に考える憲法学者のあいだには「憲法に反する」との指摘がある。それでも、こだわりが時代に筋を通した感は強い。その態度は頑固一徹というにふさわしい。

たとえば、「御在位三十年記念式典」での「おことば」。

「天皇としてのこれまでの務めを、人々の助けを得て行うことができたことは幸せなことでした」

と感謝の意を述べたうえで、

「これまでの私の全ての仕事は、国の組織の同意と支持のもと、初めて行い得た」

と言いきっている。これには驚かされた。

天皇の国事行為は「内閣の助言と承認を必要とし、内閣が、その責任を負ふ」（日本国憲法第三条）と規定されている。それを承知しつつ、「国の組織の同意と支持」と言い換える。「内閣」と言わずに「国の組織」と表現するのは幅を広げた言いかたと解釈できなくはない。だが、「助言と承認」を「同意と支持」に言い換えるのは天皇の主体性の明示であり、決定的な違いがある。

もちろん、憲法によって規定された「象徴天皇」の理念はなによりも重いものとして揺るぎなくある。明仁天皇が日々の行動にあたり、常に憲法に立ち返ってどうあるべきかを考えていることは、そばで見ていてもわかった。それは、同じ「おことば」のなかで、

「しかし憲法で定められた象徴としての天皇像を模索する道は果てしなく遠く……」

と述べていることからもはっきりしている。

明確に憲法に立脚しながら、象徴としてそうすべきだと考えるときには「内閣の助言と承認」を踏み越えていく。そうした強い使命感、穏やかながら妥協のない行動、その背後にある象徴としてなすべきことへのこだわりが、平成という時代のもうひとつの核心のように思える。言うまでもなく、そういう時代を形づくった明仁天皇のそばには常に美智子皇后がいた。その存在は心強い支えであり、「皇室は祈りでありたい」と願う美智子皇后の皇室観は時に歯止めだったのかもしれない。

退位による代替わりは駅伝のたすきリレーにたとえられると書いた。そのような代替わりであ

るからこそ、「なにが、どのように受け継がれるのか」が焦点になる。とくに、平成の核心部分がどう受け継がれるのか、注目される。

新天皇が五月一日、即位の儀式の後、初めて国民の代表と向き合う「即位後朝見の儀」でなにを述べるのか、代替わり直後の一般参賀で国民に向けてなにを語るのか。さらには、十月二十二日に予定される「即位礼正殿の儀」での「即位宣言」になにが盛りこまれるのか。この半年ほどのあいだの「おことば」によって次代の方向性は示される。

新天皇のありかたを考えるとき、皇太子として最後になった五十九歳の誕生日会見はひとつの手がかりだった。一九年二月二十一日におこなわれた会見のなかで「新たな時代に臨む決意」を語っている。

「引き続き自己研鑽に努めながら、過去の天皇のなさりようを心にとどめ、国民を思い、国民のために祈るとともに、両陛下がなさっておられるように、国民に常に寄り添い、人々と共に喜び、あるいは共に悲しみながら、象徴としての務めを果たしてまいりたいと思います」

明仁天皇と美智子皇后がやってきたことを「手本」とする形で受け継ぐ、との意思表示といえる。ただ、この時点ではまだ、みずからがどのような天皇になるのか、確信を持って描けてはいないように見える。

手探りのようすは雅子皇后の活動の見通しと公務のありかたを語る口調にもあらわれる。

「今後は、自身の置かれる立場が変わることで、公務も多くなる中、一朝一夕に全てをこなせるようになるわけではないと思いますが、雅子は、これからも体調に気を付けながら快復を目指して更に努力を重ねていくと思います」

「今は体調の快復に一生懸命取り組んでおりますし、将来的には自分としてできることが見つかることを、私も心から願っておりますが、現在は、そういうものを少しずつ模索しているような段階なのではないかと思います」

きわめて慎重な言いかたにとどめている。


では、この日の会見で「平和」ないし「戦争」についてどう語ったのか。記者からの質問は「『平成』とはどのような時代だったとお考えでしょうか」だった。

平和への言及は三十年の時代の移り変わりを述べるなかで出てくる。

「陛下がおっしゃっているように、平成が戦争のない時代として終わろうとしているわけですが、戦後長く続いてきた平和な日本の社会において、この国の未来を担う若い人たちが、夢を大切にしながら自分の能力を発揮できる環境が整ってきたことの証であると思います」

平成の平和な時間は、「若い人たちが自分の能力を発揮できる環境」として、その後景に位置づけられている。平和な時代というものは、平和を希求する強い意志を結集して一日一日築くものであり、そうした営為がなければ成り立たないのだというひりひりした感覚は、ここにはない。「戦争」についての強い意識もうかがえない。

徳仁天皇は、父天皇がこだわった「日本人として忘れてはならない四つの日」をしっかりと受け継ぐ必要がある。六月二十三日の沖縄戦終結の日、八月六日の広島原爆の日、八月九日の長崎原爆の日、そして八月十五日の終戦記念日。いずれも太平洋戦争の節目となった日だ。どこにいても必ず黙禱をささげ「思いを致す」習慣を継承し、天皇としての基本動作に組みこむことで、新たに見えてくるものがあるはずだ。戦後生まれ、戦争を知らない世代の天皇として、父天皇との間に「戦争体験」という決定的な差があることを自覚する必要がある。

そうした意味で、早い時期に沖縄県に行くことは検討の価値がある。たとえば本島南部の南城《なんじよう》市にある「糸数《いとかず》アブチラガマ」を訪ねる。唯一の地上戦となった沖縄戦でなにがあったのか、語り部の証言に耳を傾けてみる。聴くうちに、米軍が旧日本軍を殺し、旧日本軍が住民を殺し、あるいは住民が住民を殺そうとする様相が浮かびあがってくる。戦争は敵か味方かだけではない。戦争は人から人の心を奪う。その悲惨さが実感できれば、それは必ずいまの時代の「戦争体験」になる。

私たちはいま、明仁天皇が述べた「多くの予想せぬ困難」の時代を生きている。地球気候の変動による大規模自然災害におびえ、富の偏在による格差社会と貧困の問題を抱えている。大声で言いつのるものが「事実」となる劣化した言論状況もある。そんななかで迎える代替わりだからこそ、徳仁天皇と雅子皇后が担う次代が、私たち一人ひとりにとって少しでも明るいものとなるよう願わずにいられない。

雅子皇后については「はじめに」で、皇后という立場は、その称号を得たことで完成するものではない、と書いた。

もちろん、天皇の配偶者であるかぎり皇后と呼ばれることは言うまでもない。だが、明仁天皇が「憲法で定められた象徴としての天皇像を模索する道は果てしなく遠く……」と述懐するように、象徴としての天皇とともにある皇后にとってもまた、皇后像を模索する道は果てしなく遠いと考える必要がある。

皇后はなにによって国民の支持と信頼を得るのか——。皇后という立場の根幹にかかわる問いかけが、雅子皇后となった瞬間から突きつけられることになる。

美智子皇后の場合、その問いに「思いを致す」「常に心を寄せる」「祈る」という態度で答えようとした。すべての人にたいしてその身を「思いやる」存在、いわば「思いやりの化身」となることを自身に課し、そうした皇后像を国民に約束することで、圧倒的な信頼と敬愛を得た感がある。

では、雅子皇后にとってどのような皇后像がありうるのだろう。

自身の皇后像を築くためには、どこか遠くにいるだれか、直接語りかけることができないだれかの胸に届く言葉をもつことが出発点になる。そのためには、この国の現状とこの国で暮らすたくさんの人のいまを見つめ、境遇を理解し、その喜びや悲しみを感じ取る努力を重ねなければならない。

それが、みずからの皇后像を模索する果てしない道の姿といえる。そうした模索をひたむきに、たゆみなく続けることによって初めて、どこか遠くにいるだれかの胸に届き、「励み」となる自分自身の言葉を見いだすことができる。

それは、病む者が励みとする言葉であってもいい。みずからの長い療養体験は、多くの人の胸に届く言葉を与えてくれるはずだ。

あるいは、健康で前向きに生きる女性たちが力を得る言葉であってもいい。皇室という特別な社会に飛びこみ、口に出せない苦労を重ねたことは多くの女性が感じ取っている。自分自身のためではなく、どこかにいるだれかのために語る言葉。それは常に、多くの人の共感を得る力をもつ。

そのためにも、どうしても指摘しておかなければならないことがある。

記者の質問に肉声で答える記者会見の設定についてだ。

雅子皇后として、あるいは宮内庁にとって、記者会見の設定が頭痛の種であることははっきりしている。皇太子妃としての記者会見が二〇〇二年十二月の誕生日会見を最後に、十六年の長きにわたっておこなわれていない。この事実は看過できない。

文書で提出された記者の質問に文書で答えるやりかたをした年はある。「この一年」のできごとなどについて所感を述べる「ご感想」の文書で済ませた年は少なくない。肉声で語る機会を設けなかったのは、避けたかったからとしか言いようがない。

もちろん、理由は想像できる。雅子妃にとって記者会見がストレスになるようすはうかがわれた。記者の側から挑発的とも取れる質問が出され、せいいっぱいの皮肉をこめて返す場面があった。その場のストレスが自然体でのしなやかな対応を失わせたのだと思う。あるいは、ふと口をついた言葉の端々をとらえられ、終わった後で批判を受けることも少なからずあった。一部の発言を根拠に皇太子妃としての資質を問うような週刊誌報道もなされた。たしかに不用意な受け答えは散見された。だが、その容赦ない反応に雅子妃は傷つき、記者会見への恐怖心となったことは想像に難くない。

しかし、たとえそうであったとしても、記者会見の場が、国民に向けて自分がなにを大切にしているかを語りかけるための数少ない機会であることは否定できない。新皇后として、新たな皇后像を模索しようとするかぎり、恐怖心を乗り越えて会見に臨み、国民に肉声で語りかける機会を活かさなければならない。

なによりも、記者の質問をその場で受け、考えこんだり戸惑ったりしながらも肉声で答えることの意味はかぎりなく大きい。それによって国民の側が感じるもの、受けとめるものは文書回答の比ではない。文書での回答は、どれだけ理路整然と述べていても、国民の心を動かし、深い共感を呼び覚ます力はないと言っていい。

だからこそ、皇后としての会見の機会を可能なかぎり早く見いだし、その後もなんとかして定期的に設定していく。そうした努力が求められる。

最初は、時間をかぎっての会見から始めることを検討してもいい。新天皇の会見に同席するかたちで機会を設け、質問を受ける方法も考えられる。医師団と宮内庁の助けを得て、少しずつ少しずつ慣らしていく。そんな手立てが考えられないだろうか。

最後に、ここで名前を挙げることができない多くの取材協力者とかつての皇室取材班の仲間たちに感謝の気持ちを述べたい。小さな事実を確認し積み重ねることがすべての土台となることをいま、あらためて噛み締めている。水俣病の取材では熊本日日新聞社論説顧問の高峰武氏に助言をいただいた。現地での案内は一般財団法人水俣病センター相思社の辻よもぎ氏に頼った。水俣・坪谷《つぼだん》の緑に包まれた小さな漁港の風景はいまも胸に残っている。本書をまとめるにあたっては講談社・横山建城氏の編集者としての力に負うところが大きかった。心から感謝したい。

二〇一九（平成三十一）年　三月

石井　勤

本書は書き下ろしです。

著者：石井 勤（いしい・つとむ）
1951年、茨城県水戸市生まれ。北海道大学文学部卒業。1978年、朝日新聞社入社。1984年4月から東京本社社会部員。警視庁担当を経て1988年9月、昭和天皇の大量吐血があった夜から、1993年6月の徳仁皇太子の結婚まで宮内庁を担当し、昭和から平成への代替わりにともなうすべての行事・儀式を取材。1992（平成４）年10月の天皇皇后の訪中時には同行記者団長を務めた。東京本社社会部長代理、くらし編集長、企画報道部長を経て、人事部長、コーポレート・コミュニケーション本部長、グループ戦略本部長、経営企画室長などを歴任。2011年から2017年まで朝日カルチャーセンター代表取締役社長。

皇后《こうごう》雅子《まさこ》　妃《きさき》から后《きさき》への三十年《さんじゅうねん》

2019年４月25日　第１刷発行

著　者　石井《いしい》　勤《つとむ》
発行者　渡瀬昌彦
発行所　株式会社講談社
〒112-8001　東京都文京区音羽2-12-21
電話　出版03-5395-3504
販売03-5395-5817
業務03-5395-3615
装　丁　トサカデザイン
印刷所　株式会社新藤慶昌堂
製本所　株式会社若林製本工場

© Tsutomu Ishii 2019, Printed in Japan

定価はカバーに表示してあります。

落丁本・乱丁本は購入書店名を明記のうえ、小社業務あてにお送りください。送料小社負担にてお取り替えいたします。なお、この本についてのお問い合わせは文芸第一出版部あてにお願いいたします。

本書のコピー、スキャン、デジタル化等の無断複製は著作権法上での例外を除き禁じられています。本書を代行業者等の第三者に依頼してスキャンやデジタル化することは、たとえ個人や家庭内の利用でも著作権法違反です。

Ⓡ〈日本複製権センター委託出版物〉

ISBN978-4-06-515337-6

N.D.C.323.15　244p　20cm

伏見宮 もうひとつの天皇家

「旧皇族」とは、
いったいいかなる存在か？

浅見雅男 著

中世に世襲親王家として分岐し、独自の位置を占めた伏見宮系皇族。幕末の動乱、近代天皇制国家の成立後、その存在は徐々に数と重みを増し、変質してゆく……。万世一系の舞台裏、明治天皇と元勲・重臣の葛藤、大正・昭和期の宮さまたちの意外な姿と皇籍離脱までを描く。

講談社 定価：本体二二〇〇円（税別）
※定価は変更することがあります

皇后考

原　武史　著

時代と社会の変容とともに、
「ありうべき皇后」像はあった――。

血脈による正統性が保証された天皇とは異なり、人生の途中で皇室に嫁ぎ、さまざまな葛藤を克服するなかでその存在となる「皇后」。神功皇后や光明皇后ら、過去の偉大な皇后と感応しつつ、近代日本に時空を超えた皇后像を現出させ、さらにはアマテラスに自らを重ね合わせようとする貞明皇后。斬新な視点で天皇制の本質を明らかにし、秘められた扉を開いた記念碑的著作！

講談社　定価：本体三〇〇〇円（税別）
※定価は変更することがあります

宮中取材余話　**皇室の風**

岩井克己　著

「平成」の終わりに、考えるべきことはあまりに多く、
知っていることはあまりに少ない。

この三十年はわが国の歴史においていかなる時代であったのか？　日本社会の変動と皇室がどうかかわってきたのか？　そして新元号のもと、天皇制のいったいなにが変わり、なにが残されようとしているのか……？

雑誌『選択』で十年続く、皇室ウォッチャーの名物連載を完全書籍化！

講談社　定価：本体三〇〇〇円（税別）

※定価は変更することがあります